Inhaltsverzeichnis

Kapitel 1 – Wenn das Leben dich wachrüttelt

Manchmal gibt es Momente, die alles verändern. Du gehst schlafen in einem Leben, das dir vertraut ist – mit seinen Routinen, seinen kleinen Dramen, seinen gewohnten Abläufen. Und dann wachst du auf... und plötzlich steht alles Kopf. Nichts ist mehr, wie es war. Nicht da draußen. Nicht in dir.

Kennst du das Gefühl? Wenn die Welt da draußen still wird – und es in dir anfängt zu toben? Fragen, Gedanken, Gefühle, die du zu lange weggeschoben hast, stehen auf einmal vor dir. Ohne anzuklopfen. Ohne Einladung. Sie sind einfach da. Und sie bleiben. „Was mache ich hier? Was will ich wirklich? Wer bin ich, wenn alles wegbricht?"

Es war, als hätte das Leben die Pausetaste gedrückt – aber nicht, um dich auszuruhen. Sondern um dich aufzuwecken. Die Straßen draußen waren leer, aber in deinem Kopf? Chaos. Die Menschen, die dir am nächsten standen, rückten auf einmal zu nah. Oder sie waren zu weit weg. Nähe wurde erdrückend. Alleinsein schmerzlich. Du hast Dinge gespürt, die du nicht einordnen konntest. Tage, an denen du dachtest: „Reiß dich zusammen." Und Nächte, in denen Tränen kamen – leise, unerwartet, ehrlich. Und dann diese verdammten Gedanken. Über dich. Über das Leben. Über das, was du weggelacht hast. „Bin ich glücklich? Lebe ich das Leben, das ich will? Oder bin ich einfach nur mitgerannt, weil alle rennen?" Diese Fragen. Sie nerven. Sie bohren. Und doch... vielleicht sind sie genau das, was du gebraucht hast.

Katja Schlottke

Schleudergang der Gefühle
Wenn Liebe und Leben Kopf stehen

DIE UHR LÄUFT. Du hast zwei Möglichkeiten: Dein Leben leben – oder es verpassen. Und jetzt sag mir: Wie viele verdammte Jahre hast du schon mit Warten verschwendet? Warten auf den „richtigen Moment". Warten, dass du dich „bereit" fühlst. Warten, dass irgendetwas von allein passiert.

Bullshit!

Wenn du so weitermachst, wachst du irgendwann auf – und die Zeit ist weg. Keine zweite Chance. Kein Zurück. Nur die Erkenntnis: „Ich habe es nicht getan."

Wenn du jetzt nach einer Ausrede suchst – leg das Buch weg.

Aber wenn du spürst, dass du endlich MEHR willst – dann blättere um. Denn was du gleich liest, wird dich nicht mehr loslassen.

Es wird dich wachrütteln. Es wird dich schütteln. Es wird dich motivieren. Denn was du gleich lesen wirst, lässt dich nie mehr so weitermachen wie vorher.

Und wenn du am Ende noch derselbe bist – dann hast du es nicht verstanden.

Das ist deine letzte Warnung.

Willst du endlich LEBEN – oder lässt du die Zeit für dich entscheiden? DAS. HIER. IST. DEIN. WECKRUF.

Denn wenn du weiterblätterst, gibt es nur noch eine Richtung: Vorwärts.

Impressum

© 2025 Katja Schlottke

www.katja-schlottke.de

Verlag: BoD · Books on Demand GmbH, Überseering 33,
22297 Hamburg, bod@bod.de

Druck: Libri Plureos GmbH, Friedensallee 273, 22763 Hamburg

ISBN: 978-3-8192-0705-1

Die Wahrheit ist: Das Leben stellt keine Fragen, auf die du nicht längst eine Antwort hast. Tief in dir. Vergraben unter Alltag, Pflichten, Erwartungen. Wartend.

Und dann kam diese Zeit, die alles hochgespült hat. Dinge, die du nicht mehr ignorieren konntest. Die Beziehung, die nur noch funktioniert, aber nicht mehr fühlt. Der Job, der deine Zeit frisst, aber nicht dein Herz berührt. Oder dieses vage sehnen nach mehr. Nach Leben. Echtem Leben.

Und weißt du was? Genau da beginnt Veränderung. Nicht in den großen Plänen. Sondern in dem Moment, in dem du hinsiehst. Hinhörst. Dir erlaubst, zu spüren, was weh tut – weil es dir zeigt, was fehlt. Du hast gelacht in dieser Zeit. Geweint. Dich verloren gefühlt. Und vielleicht – ganz vielleicht – hast du einen Moment erwischt, in dem du dachtest: „Da ist noch etwas. Etwas, das ich vergessen habe." Dieses Kapitel ist keine Anleitung. Kein „Mach es so". Es ist ein Spiegel. Eine Stimme, die sagt: „Du bist nicht verrückt. Du fühlst. Du lebst. Du wachst auf." Und ja – Aufwachen tut weh. Es ist unbequem. Aber es ist auch das, was dich zurück zu dir führt. Zu dem, was echt ist. Zu dem, was zählt.

Vielleicht hat das Leben dich gerade in den Schleudergang geworfen. Dich durchgerüttelt, geschleudert, an deine Grenzen gebracht. Gut so. Denn weißt du was nach dem Schleudergang passiert? Alles Überflüssige fällt ab. Was bleibt, bist du. Echt. Unverstellt. Stark. Auch wenn du es gerade nicht so fühlst. Du bist hier. Du liest das. Und das allein ist der Beweis: Du hast mehr Kraft, als du glaubst. Mehr Herz, als du zeigst. Mehr Leben in dir, als du gerade spürst. Also atme tief ein.

Spür dein Herz. Es schlägt. Für dich. Für das Leben, das auf dich wartet – hinter der Angst, hinter der Müdigkeit, hinter all dem Lärm.

Dies ist nicht der Moment, um aufzugeben. Es ist der Moment, um dich zu erinnern: Du bist nicht hier, um zu funktionieren. Du bist hier, um zu leben.

Bereit? Dann öffne die Augen. Nicht nur die da im Gesicht. Die im Herzen. Das hier ist dein Leben. Und du hast verdammt nochmal das Recht, es zu fühlen.

Kapitel 2 – Wenn du zwischen Nähe und Wahnsinn schwankst

Du liebst sie. Du hasst sie. Manchmal beides in einer Minute. Und nein, das ist nicht übertrieben. Beziehungen – ob romantisch oder nicht – sind ein Tanz. Ein schöner, chaotischer, nervenaufreibender Tanz. Manchmal läuft alles im Einklang und schnell perfekt. Und dann gibt es diese Tage...

Tage, an denen du ihn oder sie am liebsten zum Mond schießen würdest. Oder du bist Single und fragst dich, warum du deine Freiheit genießt – und andererseits manchmal mit deinem Kissen redest. (Ja, genau das.)

Ihr dachtet, ihr seid ein harmonisches Paar. Klar, es gibt mal Meinungsverschiedenheiten, aber insgesamt? Läuft doch. Und dann kam diese Zeit, in der ihr plötzlich 24/7 aufeinanderhockt. Tag für Tag. Ohne Fluchtwege.

Er arbeitete am Küchentisch, sie auf dem Sofa. Einer telefoniert laut, der andere rollt mit den Augen. Das Nervenpotenzial steigt exponentiell. Die Wohnung, einst Ort der Entspannung, ist jetzt Büro, Fitnessstudio, Kantine und Therapiezentrum in einem. Und alles scheint zu funktionieren – bis die kleinen Dinge sich häufen.

„Warum kannst du nicht mal leiser tippen?" – „Warum atmest du so laut?" – „Muss dein Kauen klingen wie ein Presslufthammer?"

„Warum gehst du mir heute auf die Nerven, obwohl du nur da sitzt?"

Das Problem ist nicht das Kauen. Nicht das Atmen. Es ist die Nähe, die irgendwann keine Luft mehr lässt.

Und dann – genau dann – passiert es. Ein Mini-Trigger. Ein Streit um die Zahnpastatube. Oder ums Geschirr. Und plötzlich eskaliert es. „DU NERVST!" „DU AUCH!"

Schweigen. Eine dicke Wand aus Trotz. Jeder schleppt sich beleidigt in seine Ecke der Wohnung. Und dann... Stille. Bis einer, völlig unerwartet , etwas sagt. Oder stolpert. Oder völlig bescheuert guckt. Und dann… bricht das Lachen aus. Erst einer, dann der Andere. Weil es so absurd ist. Weil ihr euch liebt, aber euch auch gegenseitig irre macht. Weil es das tut – sie testet euch.

Und genau das ist der Punkt: Nähe macht wahnsinnig. Aber ohne sie wäre es schlimmer.

Du bist allein. Aber früher hat dich das nicht gestört. Früher warst du unterwegs, abgelenkt, beschäftigt. Jetzt sitzt du da. Und zum ersten Mal seit Jahren hörst du dich denken.

„Bin ich eigentlich glücklich?" Oder bin ich nur daran gewöhnt, allein zu sein?"

„Warum finde ich es schön, meine Freiheit zu haben – aber warum ist Stille manchmal so laut?"

Und dann ertappst du dich dabei, wie du mit einem Gegenstand redest. Vielleicht mit deiner Pflanze. Vielleicht mit deinem Laptop. Oder du nimmst dein Handy in die Hand, überlegst, wem du schreiben könntest – und merkst: „Scheiße, ich will eigentlich mir selbst schreiben."

Was macht das mit dir? Es zwingt dich, dich selbst kennenzulernen. Dich zu spüren, dich auszuhalten, dich zu feiern.

Diese Zeit hat uns eines gezeigt: Ob in einer Beziehung oder allein – du kannst dich nicht vor dir selbst verstecken.

Und das ist gut so. Denn Nähe ist mehr als der Mensch neben dir. Nähe bedeutet auch, mit dir selbst klarkommen. Und vielleicht… dich selbst zu mögen.

Und irgendwann kommt der Moment, in dem du nur noch eines brauchst: Frieden mit dir selbst.

Kapitel 3 – Wenn du dir selbst aus dem Weg gehen musst

Es gibt einen Feind, der dich jeden Tag daran hindert, das Leben zu führen, das du dir eigentlich wünschst. Ein Gegner, der klug ist. Der dich kennt. Der genau weiß, welche Knöpfe er drücken muss, damit du bleibst. Und das Schlimmste?

Du hörst auf ihn. Jeden Tag. Verdammt. Und das nicht laut.

Er flüstert dir zu:

◆ „Du bist noch nicht bereit."

◆ „Es ist nicht der richtige Zeitpunkt."

◆ „Besser in der Komfortzone bleiben, da ist es sicher."

Und weil diese Stimme vertraut ist, weil sie aus dir selbst kommt, glaubst du ihr. Du hältst dich zurück. Wartest ab.

Und dann vergehen Wochen. Monate. Jahre.

Und irgendwann stehst du da, schaust auf dein Leben – und fragst dich, wann genau du aufgehört hast, wirklich zu leben.

Denn genau das ist passiert.

Nicht das Leben hat dich ausgebremst – du hast dich selbst ausgebremst.

Und wenn du das einmal erkennst, dann gibt es zwei Möglichkeiten:

✕ Du belügst dich weiter.

Sicherer Weg, keine Veränderung, keine Schmerzen, aber auch… kein echtes Leben.

✅ Du trittst dir selbst in den Hintern.

Kein leichter Weg. Aber der Einzige, der dich wirklich frei macht. Aber bevor du das kannst, musst du erstmal verstehen, wo genau du dir selbst im Weg stehst.

Kennst du das?

Du wachst morgens auf und noch bevor du überhaupt aus dem Bett aufstehst, fühlt sich alles… gleich an.

Gleiche Gedanken. Gleiche Zweifel. Gleiche Routinen.

Und wenn du zurückschaust – vor einem Jahr, vor fünf Jahren – dann stellst du fest:

Verdammt, ich stehe immer noch an der gleichen Stelle.

Du wolltest den Job wechseln. Du wolltest aus der Beziehung raus, die längst tot ist. Du wolltest endlich für dich selbst losgehen. Und doch bist du hier. Immer noch hier.

Warum?

Weil es einfach ist, stehen zu bleiben.

Weil es schwer ist, sich einzugestehen, dass du selbst "Schuld" bist.

Weil dein Verstand lieber Ausreden sucht als Lösungen.

Und dann kommen sie:

◆ „Ich habe keine Zeit."
◆ „Ich brauche erst noch mehr Sicherheit."
◆ „Ich kann doch nicht einfach alles ändern!"

Schwachsinn. Die Wahrheit ist: Es geht immer. Es ging schon immer. Du hast dich nur so sehr an dein eigenes Gefängnis gewöhnt, dass du die Tür nicht mehr siehst. Es gibt eine Stimme in dir, die dich klein hält. Die dir erzählt, dass du nicht gut genug bist. Dass du keine Chancen hast. Dass du lieber nicht auffallen solltest, weil dann keiner über dich lacht.

Du hast dich davon abgehalten, Dinge zu tun. Hast dir eingeredet, dass du sowieso scheiterst.

Hast dafür gesorgt, dass du immer nur halbe Schritte machst, aber nie ganz durchziehst.

Schaue mal, wer das ist. Das bist du selbst.

Und solange du dieser Stimme glaubst, wirst du dich immer wieder selbst sabotieren.

Du wirst in Beziehungen bleiben, die dich kaputt machen.

Du wirst Jobs behalten, die dich innerlich leer fressen.

Du wirst Träume aufschieben, bis du alt bist und dich fragst, warum du es nie versucht hast.

Und weißt du, was das Tragische daran ist?

Diese Stimme wird dich nie verlassen – es sei denn, du durchbrichst den Kreislauf. Der Moment der Erkenntnis.

Irgendwann kommt er. Der Moment, in dem du es kapierst.

Vielleicht nach einem Streit. Vielleicht nach einer Nacht voller Zweifel. Vielleicht, wenn du alleine in deinem Zimmer sitzt und plötzlich verstehst: „Ich war es die ganze Zeit selbst."

Nicht dein Chef. Nicht dein Partner. Nicht deine Vergangenheit. Ich habe mich selbst im Kreis gedreht.

Und ja – dieser Moment tut weh. Denn er zeigt dir, dass du so viel Zeit verloren hast. Dass du so oft klein beigegeben hast, obwohl du kämpfen solltest. Dass du dir zu oft eingeredet hast, dass du nicht genug bist. Aber weißt du was? Das ist nicht das Ende. Das ist dein **Wendepunkt**.

Denn wenn du endlich verstehst, dass du selbst das "Problem" warst, dann verstehst du auch, dass du selbst die **Lösung** bist.

Geht es von heute auf morgen? Nein. Geht es ohne Angst? Natürlich nicht. Aber ist es machbar? Verdammt, **JA.**

Und jetzt?

Jetzt hast du zwei Möglichkeiten:

1 Du liest das, nickst – und änderst nichts.

Bleibst im Alten. Erzählst dir weiter deine Lügen. Verlierst dich im „Vielleicht irgendwann".

Oder…

2 Du änderst eine Sache.

Nicht morgen. Nicht nächste Woche. Heute. Eine kleine Entscheidung. Ein Satz, den du sonst nicht gesagt hättest. Einen Schritt, den du sonst nicht gemacht hättest.

Denn weißt du, was schlimmer ist als scheitern?

Zu wissen, dass du nie den Mut hattest, es zu versuchen.

Und zwar jetzt! Was entscheidest du? Denn ob du es hören willst oder nicht: Niemand wird dich retten. Nicht dein Partner. Nicht deine Eltern. Nicht das Universum. Es liegt an dir.

Aber das ist das Beste daran. Denn es bedeutet, dass du die Macht hast. Dass du jeden verdammten Tag eine andere Entscheidung treffen kannst. Dass du dein eigenes Leben in die Hand nehmen kannst. Und wenn du es tust, wenn du eines Tages aufwachst und siehst, dass sich etwas verändert hat, dann wirst du merken: Scheiße, ich habe es wirklich getan. Ich lebe. Und genau das, genau diese Erkenntnis, ist der Moment, in dem du endlich… frei bist.

Kapitel 4 – Wenn nichts mehr sicher ist, aber alles möglich wird

Es gibt diesen einen Moment. Den Moment, in dem du aufwachst und spürst: „Irgendetwas ist anders." Aber du kannst es nicht benennen. Es ist nicht sichtbar, nicht greifbar. Es ist nur ein Gefühl. Es beginnt leise. Ein Gedanke hier. Ein Zweifel da. Ein leises „Will ich das eigentlich noch?" Ein plötzliches Inneres, wenn du in den Spiegel siehst – und merkst, dass du nicht mehr genau weißt, wer dich da ansieht. Was passiert hier gerade? Das Leben, so wie du es lebst, scheint auf einmal nicht mehr zu passen. Als hätte jemand den Rahmen verschoben. Was gestern noch sicher war, fühlt sich heute eng an. Was gestern noch bequem war, fühlt sich heute falsch an. Und das ist der Moment, in dem die Unruhe beginnt.

Das Leben, das nicht mehr passt

Stell dir vor, du hast ein Lieblingskleidungsstück. Einen Pulli, den du seit Jahren trägst. Er ist gemütlich. Vertraut. Ein Stück von dir. Und dann, eines Tages, ziehst du ihn an – und merkst: Er passt nicht mehr. Er sitzt zu eng. Er kratzt. Er fühlt sich nicht mehr richtig an. Hat sich der Pulli verändert? Nein. Aber du hast dich verändert. Und genauso ist es mit deinem Leben. Es gibt eine Zeit, in der du dich in deinem Job wohlgefühlt hast. In deiner Beziehung. In deinem Freundeskreis. Aber irgendwann kommt der Tag, an dem du merkst: Es ist nicht mehr dein Leben – es ist nur noch (d)ein Alltag.

Und du fragst dich: „Bleibe ich in diesem alten Pulli – oder ziehe ich ihn endlich aus?"

Die Angst vor Veränderung

Veränderung ist wie eine Tür. Sie steht offen. Du kannst hindurchgehen. Aber das Problem ist: Dahinter ist Dunkelheit. Und das Gehirn hasst Dunkelheit. Es wird wissen, was passiert. Sicherheit. Kontrolle. Vorhersehbarkeit.

Und wenn du vor dieser Tür stehst, schreit es:

✕ „Geh nicht weiter – du weißt nicht, was kommt!"

✕ „Vielleicht ist es da draußen schlimmer als hier drinnen!"

✕ „Was, wenn du es bereust?"

Und so bleibst du stehen.

Weil es leichter ist, in einem bekannten Chaos zu bleiben, als in ein unbekanntes Abenteuer zu springen. Aber hier ist die Wahrheit: Das Leben hinter der Tür könnte alles sein, was du dir je gewünscht hast. Aber du wirst es nie erfahren, wenn du nicht den Mut hast, sie zu durchschreiten. Und weißt du, was das Verrückteste ist? Es gibt keinen Zeitpunkt, an dem du bereit sein wirst. Nie wird dein Kopf sagen: „So, jetzt ist die Angst weg, jetzt kannst du loslegen." Nie wird der perfekte Moment kommen.

Also, wenn nicht jetzt – wann dann?

Wenn du loslässt und plötzlich frei wirst

Es gibt eine Kraft im Loslassen, die kaum jemand erkennt.

Man denkt, wenn man etwas aufgibt, verliert man etwas. Aber oft ist es genau das Gegenteil: Du gewinnst dich selbst zurück.

✗ Den Job aufzugeben, den du gehasst hast, bedeutet nicht, dass du versagst.

✓ Es bedeutet, dass du dich nicht länger verkaufst.

✗ Eine Beziehung zu beenden, die dich nicht mehr erfüllt, bedeutet nicht, dass du scheiterst.

✓ Es bedeutet, dass du den Mut hast, für dich selbst einzustehen.

✗ Altes hinter dich zu lassen, bedeutet nicht, dass du es vergisst.

✓ Es bedeutet, dass du bereit bist, in etwas Neues hineinzuwachsen.

Das Leben verlangt von dir nicht, perfekt zu sein. Es wird nur verlangt, dass du ehrlich bist – zu dir selbst.

Und manchmal bedeutet das: Loslassen. Weitergehen. Raum für das Neue schaffen.

Der Punkt, an dem alles kippt

Irgendwann wird es passieren. Irgendwann wirst du in den Spiegel schauen und wissen: Es gibt kein Zurück mehr.

Es wird nicht leise sein. Nicht sanft. Es wird ein Moment sein, der in dich hineinfährt wie ein Schlag.

! Vielleicht ist es ein plötzlicher Gedanke: „Ich kann das so nicht mehr."

! Vielleicht eine schlaflose Nacht, in der dir die Wahrheit endlich klar wird.

! Vielleicht eine Kleinigkeit – ein Satz, ein Blick, ein Gefühl – das dich umhaut. Aber wenn es passiert, dann weißt du:

Es gibt nur noch einen Weg – und der führt nach vorne.

Das ist der Moment, in dem nichts mehr sicher ist.

Aber in dem plötzlich alles möglich wird.

Was jetzt?

Jetzt geht es nicht darum, die ganze Welt sofort umzukrempeln. Jetzt geht es um den ersten Schritt.

◆ Du willst einen neuen Job? Schreibe die erste Bewerbung.

◆ Du weißt, dass du in der falschen Beziehung bist? Fang an, ehrlich mit dir zu sein.

◆ Du spürst, dass du raus musst aus deinem alten Leben? Dann öffne die verdammte Tür und gehe.

Kein großes Drama. Kein übertriebener Masterplan.

Nur eine kleine Entscheidung, die das Alte bricht und das Neue einleitet. Denn wenn du auf dein Leben zurückschaust, wirst du eines erkennen: Es waren nie die großen Momente, die alles verändert haben. Es war der erste Schritt.

Der eine Moment, in dem du gesagt hast: „Ich kann das nicht mehr." Ich will mehr." Das ist der Punkt, an dem das Leben beginnt, sich zu drehen. Und der einzige, der entscheiden kann, in welche Richtung – bist DU.

Kapitel 5 – Wenn du zwischen Lachen und Wahnsinn pendelst

Es gibt Tage, an denen du erleuchtet bist. Du verstehst das Leben, du fühlst dich im Flow, du hast tiefe Erkenntnisse.

Und dann gibt es Tage, an denen du heulend in der Küche stehst, weil dir die Butter runtergefallen ist. „Ich halte das nicht mehr aus!" denkst du. Aber dann... lachen muss. Weil es so bescheuert ist. Weil du merkst: „Okay, vielleicht drehe ich wirklich langsam durch." Willkommen in dieser neuen Welt, in der niemand mehr so richtig weiß, ob er weint, lacht oder einfach nur noch in die Ecke starrt. Seit 2020 ist alles anders. Die Menschen sind dünnhäutiger. Kleine Dinge bringen sie auf die Palme. Und gleichzeitig gibt es Momente, die so absurd sind, dass du einfach nur lachen kannst.

Beziehung im Ausnahmezustand

Du hast gedacht, du kennst deinen Partner?
Ha. Denk nochmal nach. Nichts offenbart die wahre Persönlichkeit eines Menschen so sehr wie... 24/7 aufeinanderhocken.

- „Warum kaut der SO laut?!"
- „Muss man wirklich für jedes Telefonat die Lautsprecher-Funktion benutzen?"
- „Hat sie sich wirklich eine Decke in MEINE Sofaecke gelegt?"

Auf einmal wird dir klar: Die Liebe deines Lebens kann dir unfassbar auf die Nerven gehen. Aber genau das ist es: Liebe überlebt nur, wenn man auch zusammen lachen kann.

Denn was bleibt dir anderes übrig? Ihn oder sie umbringen? (Schlecht für's Karma.) Oder doch lieber… gemeinsam lachen, auch wenn du ihn gerade umarmen und erwürgen gleichzeitig möchtest? Eines Tages wirst du zurückblicken und euch vor Augen haben, wie ihr an völlig banalen Dingen eskaliert seid. Und dann wirst du merken: Das waren vielleicht die echten Prüfungen der Liebe.

Single und langsam am Durchdrehen

Als Single hattest du früher ein aufregendes Leben. Freunde, Reisen, Dates, ein bisschen Herzklopfen, ab und zu ein Kuss, der dich ein bisschen zittern ließ. Und dann? Plötzlich waren da nur noch du und dein Kopf. Dein Kopf hat sich gefreut. „Oh, super, endlich Zeit, um tiefgründig über alles nachzudenken!" Und du so: „Nein, halt die Klappe, ich will einfach nur ein bisschen Normalität!"

Aber dein Kopf ist hartnäckig.

- „Warum hat mich mein Ex nochmal verlassen?" Vielleicht hätte ich doch netter sein sollen?"
- „Werde ich jemals wieder ein Date haben oder sollte ich langsam eine Beziehung mit meiner Zimmerpflanze führen?"
- „Ist es bedenklich, wenn ich anfange, mit mir selbst laut zu diskutieren?" Willkommen in der Realität.

Wenn du Single bist, musst du früher oder später mit der intensivsten Beziehung klarkommen, die du hast – mit dir selbst.

Die Frage ist: Kommst du damit klar? Oder bist du die toxische Person in deinem eigenen Leben?

(Du hast jetzt hoffentlich gelacht. Aber vielleicht auch nicht… Denk mal drüber nach.)

Warum Humor alles rettet

Lass es uns einfach mal sagen: Seit 2020 sind wir alle ein bisschen durch. Egal, ob du in einer Beziehung bist oder Single – du hattest mindestens einen Moment, in dem du gedacht hast: „Ich werde verrückt."

Und genau da kommt die Magie des Humors ins Spiel.

Es gibt zwei Möglichkeiten:

✗ Du nimmst alles furchtbar ernst.

Jedes Problem, jedes Missverständnis, jede Nervosität wird zur "Staats"krise. Du regst dich auf, du verlierst Energie, du verlierst Leichtigkeit.

Oder...

✓ *Du lachst.* Du atmest durch.

Du realisierst: „Okay, vielleicht ist das Leben einfach ein bisschen bekloppt – und das ist auch okay." Denn wenn du es schaffst, selbst in den härtesten Momenten zu lachen, dann hast du schon gewonnen. Weil du dich nicht mehr von allem so fertig machen lässt. Und das ist der Punkt: Es wird immer wieder Chaos geben. Du wirst Menschen lieben und gleichzeitig verfluchen.

Du wirst als Single dein Leben feiern und dann wieder denken: „Ich will einfach nur geknuddelt werden."

Und genau dazwischen – zwischen Lachen und Wahnsinn, zwischen Fluchen und Lieben, zwischen Genervt-sein und Glück – da passiert das echte Leben.

Was jetzt?

Egal, wo du stehst – Beziehung, Single, irgendwo dazwischen – die nächsten Wochen, Monate, vielleicht Jahre werden dich weiter durchrütteln. Manchmal wirst du fluchen. Manchmal wirst du zweifeln. Manchmal wirst du weinen. Und manchmal wirst Du lachen und wirklich leben. Das hoffentlich wird jetzt mehr und mehr dein neuer Zustand.

Aber wenn du lachen kannst, trotz allem, wenn du mitten im größten Chaos eine absurde Schönheit erkennst,

wenn du trotz allem in den Spiegel schauen kannst und sagst: „Okay, das Leben ist verrückt – aber ich bin dabei."

Dann hast du schon gewonnen. Denn am Ende geht es nicht darum, ob alles perfekt läuft. Es geht darum, dass du immer noch da bist. Mit all deinen Macken. Mit all deinem Wahnsinn. Mit all deinem Humor. Und genau das macht dich unaufhaltbar.

Ein Tag im Leben eines (leicht überforderten) Menschen

Stell dir vor, es ist Montag. Dein Wecker klingelt.

Du drückst auf Snooze. Sieben Mal. Dein Gehirn ist schon wach und flüstert: „Steh auf, du hast Dinge zu tun." Dein Körper sagt: „Nein." Irgendwann stolperst du aus dem Bett.

Du willst meditative Morgenrituale machen, aber stattdessen stehst du fünf Minuten vor der Kaffeemaschine und starrst ins Nichts. (Hochkonzentriert. Mit leerem Kopf.) Dann checkst du dein Handy. Eine Nachricht von einem Freund:

„Ey, geht's dir gut?" Du willst zurückschreiben. Aber was?

„Ja, alles gut." Lüge. „Ich bin überfordert, die Welt ist irre und ich habe drei Existenzen gleichzeitig." Zu ehrlich für einen Montagmorgen? Du entscheidest dich für ein neutrales „Joa, läuft". Perfekt. Kommunikationsfähigkeiten:100 Punkte.

Dann: Frühstück. Du willst gesund sein, aber hast nur noch Toast und zwei halbgammelige Bananen. Du überlegst, ob das als Smoothie durchgeht. Kurz darauf sitzt du mit "Nutellabrot" am Tisch. Die gesunde Ernährung fängt aber morgen an.

Im Laufe des Tages passieren drei Dinge:

1 Du hast einen Nervenzusammenbruch, weil dein Laptop ein Update macht.

2 Du fragst dich zum zehnten Mal, ob du zu wenig aus deinem Leben machst.

3 Du lachst über einen dummen Witz und merkst, dass alles gar nicht so schlimm ist. Und genau DAS ist der Punkt:

💡 Das Leben ist nicht linear.

💡 Ein Tag kann scheiße beginnen, aber geil enden.

💡 Du kannst verzweifeln und zehn Minuten später vor Lachen weinen.

Und weißt du, was das bedeutet? Du musst nicht perfekt sein. Du musst nicht alles im Griff haben. Du musst einfach nur mitmachen. Egal ob Beziehung, Single, Chaos oder Ruhe – du wirst lachen, fluchen, weinen, dich hinterfragen und trotzdem weitermachen. Und genau das macht dich menschlich.

Willkommen im Club der Verrückten

Falls du dich je gefragt hast, ob du verrückt bist. Glückwunsch. Bist du. Aber keine Sorge. Wir alle.

✗ Du redest mit dir selbst?

✓ Klug – endlich mal ein Gespräch mit einem intelligenten Menschen.

✗ Du schwankst zwischen Euphorie und Verzweiflung?

✓ Willkommen im echten Leben.

✗ Du hast keinen Plan, was du eigentlich tust?

✓ Überraschung: Wenige haben einen ganz klaren Plan und manchmal wird der einfach von Außen umgeschmissen. Unvorhersehbar und nicht geplant.

Das hier ist kein Ratgeber für Menschen, die ihr Leben „im Griff" haben. Denn das Leben ist nicht dazu da, um es im Griff zu haben. Es ist dazu da, um es zu fühlen. Und manchmal bedeutet das, durchzudrehen. Manchmal bedeutet das, laut zu lachen, wenn du eigentlich weinen willst. Manchmal bedeutet das, dein Leben einfach mal einen Tag nicht zu ernst zu nehmen. Denn wenn du es schaffst, dich selbst nicht zu ernst zu nehmen, wenn du auch im größten Chaos noch ein Lächeln findest, wenn du verstehst, dass niemand wirklich weiß, was er tut – Dann hast du das Leben verstanden.

Und wenn nicht? Egal. Morgen ist auch noch ein Tag.

Kapitel 6 – Früher war alles anders… oder?

Erinnerst du dich noch?

An der Zeit, in der man Menschen auf der Straße gesehen hat – und ihre Gesichter tatsächlich vollständig erkennen konnte?

An die Zeit, in der „Abstand halten" nur für nervöse Leute in der Warteschlange galt? An der Zeit, in der „Homeoffice" noch eine Wunschvorstellung und keine unentrinnbare Realität war?

Ja, es gab mal eine Welt, in der die Dinge… anders waren.

Nicht unbedingt besser – aber verdammt nochmal normaler.

Und dann kam 2020. Und plötzlich wurde das, was wir für selbstverständlich hielten, auf den Kopf gestellt.

Was früher Alltag war, fühlt sich heute an wie eine Erinnerung aus einem alten Film.

Die Kunst des ungezwungenen Kontakts (die verloren ging)

Stell dir vor, du triffst jemanden zufällig auf der Straße.

Früher? Du hättest einfach geredet.

2020?

Bevor du irgendwas sagst, läuft in deinem Kopf ein Sicherheitscheck:

☑ Abstand passt?

☑ Maske nötig?

☑ Gespräch überhaupt gewünscht oder will die Person einfach nur ihre Ruhe?

Und dann merkst du:

„Scheiße, ich habe verlernt, einfach so mit Menschen zu reden." Früher hast du jemanden umarmt, wenn du ihn lange nicht gesehen hast. 2020? Du zögerst.

„Ist das okay? Ist das zu nah? Ist das… zu viel?"

Wir haben uns an Distanz gewöhnt – aber nicht daran, wie kalt es manchmal ist.

Homeoffice & die neue Definition von „Arbeiten"

Früher: Arbeiten hieß, du verlässt das Haus, fährst ins Büro und hast danach Feierabend.

2020: Du rollst vom Bett direkt zum Laptop und stellst fest, dass du um 14 Uhr noch immer den Schlafanzug trägst.

Treffen?

Früher: Ein Raum, ein Tisch, halbwegs normale Kleidung.

2020: Eine Zoom-Kachel, ein Hemd obenrum, eine Jogginghose untenrum und ein stummgeschaltetes Mikro, während du parallel dein Frühstück isst. Arbeiten von überall? Klingt gut. Aber plötzlich gibt es keine echte Trennung mehr zwischen Job und Privatleben.

„Bist du gerade noch zu Hause – oder schon wieder auf der Arbeit?" Gute Frage. Nächste Frage.

Das Dating-Dilemma

Früher: Dating war eine Mischung aus spontanen Treffen, zufälligen Begegnungen und Gesprächen, die sich natürlich entwickelt haben.

2020: WhatsApp. Videoanrufe.

Die Romantik liegt irgendwo zwischen schlechten Emojis und einer verrückten Internetverbindung.

Gesprächsbeginn früher: „Hey, du siehst interessant aus. Wollen wir mal was trinken gehen?"

Gesprächsbeginn 2020: „Bist du geimpft oder eher Team Natur?" Ich frag für einen Freund…"

Und dann?

Wenn das Treffen tatsächlich zustande kommt, gibt es diesen peinlichen Moment:

✓ Umarmung?

✓ Handschlag?

✓ Winken aus sicherer Entfernung?

Herzlichen Glückwunsch – das Date beginnt mit einer Krise.

Die neue Art, durchzudrehen

Früher: Du hattest vielleicht mal eine stressige Woche, aber dann war Wochenende, Freunde treffen, rausgehen, Leben spüren.

2020? Du hast eine stressige Woche, aber „Freizeit" besteht daraus, allein in deinem Wohnzimmer zu sitzen und YouTube-Interviews über Selbstoptimierung zu schauen.

Früher: Hast du ein paar Mal im Jahr deine Umgebung hinterfragt.

2020? Hinterfragst du in einer Woche ungefähr 34 Mal deine komplette Existenz.

✦ „Mache ich genug aus meinem Leben?"

✦ „Bin ich glücklich oder nur beschäftigt?"

✦ „Hätte ich damals vielleicht doch Klavier lernen sollen?"

Du scrollst durch Social Media, siehst Bilder von anderen, die scheinbar ihr Leben im Griff haben – und fragst dich: „Warum fühlt sich mein Leben manchmal an wie ein ungeschnittener Rohentwurf?" Aber dann merkst du: Die anderen fühlen sich genauso. Das Problem ist nur – keiner sagt es laut.

Was bedeutet das alles?

Die Welt ist nicht mehr dieselbe. Und sie wird nie wieder so sein, wie sie war. Und das ist gut so. Wir haben uns verändert. Unsere Wahrnehmung hat sich verändert. Unser Umgang mit uns selbst und anderen hat sich verändert.

✕ Früher war nicht alles besser.

Aber auch nicht alles so verdammt kompliziert.

✕ Heute ist nicht alles schlecht.

Aber es fühlt sich oft seltsam an – als wären wir in einer Zwischenwelt.

Und weißt du, was wir jetzt tun müssen?

Wir müssen wieder lernen, uns zu verbinden. Mit anderen. Mit uns selbst. Mit dem echten Leben – außerhalb von Bildschirmen, außerhalb von Sicherheitschecks im Kopf. Denn so verrückt es klingt: Das Leben findet immer noch statt. Hier. Jetzt. Trotz allem.

Und jetzt?

Wenn du eines aus diesem Kapitel mitnehmen kannst, dann das:

✔ Die Welt hat sich verändert.

✔ Du hast dich verändert.

✔ Aber das heißt nicht, dass du dich verlieren musst.

Nun atme tief durch.

Erinnere dich daran, wie es sich anfühlt, einfach mal wieder Mensch zu sein.

Nicht alles hinterfragen. Nicht alles kontrollieren. Nicht alles perfekt machen wollen. Sondern einfach mal… sein.

✓ Lachen, wenn es lustig ist.

✓ Fluchen, wenn es nervös ist.

✓ Weinen, wenn es weh tut.

✓ Und vor allem: Leben, auch wenn du nicht weißt, was morgen kommt.

Denn wenn die letzten Jahre uns etwas gezeigt haben, dann das: Alles kann sich ändern. Jederzeit. Sofort.

Die Frage ist nur: Bist du bereit, trotzdem weiterzugehen – und das Leben zu leben, das du verdienst?

Wenn ja:

Dann hör auf, zu warten. Dann steh auf. Dann geh raus.

Denn da draußen – trotz allem – wartet immer noch das echte Leben auf dich.

Kapitel 7 – Wenn du spürst, dass du mehr willst – aber Angst hast, es dir zu nehmen

Es beginnt leise. Ein Gedanke, der dir zufällig durch den Kopf schießt. Ein Moment, in dem du kurz innehältst. Ein Gefühl, das sich nicht mehr ignorieren lässt. „Das kann doch nicht alles sein." Du weißt nicht, woher es kommt. Du weißt nicht, warum es jetzt auftaucht. Aber es ist da. Und es geht nicht mehr weg.

Das Leben, das nicht mehr reicht

Früher hast du dein Leben einfach gelebt. Tag für Tag. Ohne groß zu hinterfragen. Dein Job? Sicher. Deine Beziehung? Stabil. Dein Alltag? Routiniert.

Und dann kam dieser eine Tag. Vielleicht war es eine Kleinigkeit. Ein Gespräch, das dich aufgewühlt hat. Ein Satz, der dich getroffen hat. Ein Blick in den Spiegel, der sich anders angefühlt hat als sonst. Plötzlich war da diese leise Frage: „Bin ich glücklich – oder einfach nur an mein Leben gewöhnt?" Und dann ging die Tür im Kopf auf.

Die Angst vor dem nächsten Schritt

Du weißt, dass du etwas verändern musst. Du weißt, dass du nicht mehr in der alten Version in deinem Leben bleiben kannst. Aber dann kommt diese Angst.

Die, die sich anfühlt, als würde sie dich festhalten.

- „Was, wenn ich mich irre?"
- „Was, wenn ich etwas verliere, das ich später vermisse?"
- „Was, wenn ich es nicht schaffe?"

Und genau hier bleiben viele Menschen stecken. Nicht, weil sie nicht wissen, was sie tun wollen. Sondern weil sie Angst haben, es durchzuziehen.

Die unbequeme Wahrheit über Veränderung

Hier ist die Wahrheit, die niemand hören will: Veränderung fühlt sich am Anfang immer falsch an. Weißt du, warum? Weil dein Kopf so programmiert ist, dass er alles liebt, was vertraut ist. Selbst dann, wenn das Vertraute dich unglücklich macht. Ein Job, der dich auslaugt? Immer noch besser als das unbekannte Neue. Eine Beziehung, in der du nicht mehr wirklich du selbst bist? Immer noch sicherer als allein zu sein.

Und genau das ist der Moment, in dem du dich entscheiden musst. Bleibst du in einem Leben, das dich nicht erfüllt – nur weil es bequem ist? Oder springst du ins Ungewisse – auch wenn es erstmal weh tut, auch wenn es Angst macht?

Die Entscheidung, die alles verändert

Irgendwann wird es passieren. Vielleicht in der Nacht. Vielleicht in einem Moment, in dem du es am wenigsten erwartest. Aber irgendwann wirst du realisieren: „Ich kann so nicht weitermachen." Und in diesem Moment hast du zwei Möglichkeiten:

1 Du hörst auf deine Angst. Du redest dir ein, dass es „noch nicht der richtige Zeitpunkt" ist. Du überzeugst dich selbst, dass du „eigentlich doch zufrieden bist". Und du bleibst genau da, wo du jetzt bist.

Oder...

2 Du gehst los. Nicht mit einem perfekten Plan. Nicht mit völliger Sicherheit. Sondern einfach mit dem Vertrauen, dass du dir selbst folgen darfst. Und genau hier beginnt dein echtes Leben.

Und jetzt?

Vielleicht liest du das und spürst es ganz tief in dir: „Ja. Ich werde mehr. Ich brauche mehr. Aber ich habe Angst." Weißt du was? Jeder, der etwas Großes verändert hat, hatte Angst. Jeder, der einen mutigen Schritt gegangen ist, hatte Zweifel. Aber die, die es trotzdem getan haben – die sind am Ende dort angekommen, wo sie immer sein wollten.

Und du? Hast du den Mut, es dir zu nehmen? Denn das Leben wartet nicht. Es ruft.

Die Frage ist nur: Hörst du hin?

Die Nacht, in der es klick machte

Stell dir vor, es ist 2:37 Uhr nachts. Du liegst im Bett und starrst an der Decke. Dein Kopf? Voll. Voll mit Gedanken, die sich wie ein Hamsterrad drehen:

⬤ „Was mache ich hier eigentlich?"

⬤ „Ist das mein Leben – oder ist es einfach nur eine Routine, in der ich stecken geblieben bin?"

⬤ „Habe ich zu wenig riskiert?" Oder habe ich einfach vergessen, was ich wirklich will?"

Du drehst dich auf die Seite. Nimmst sogar dein Handy. Öffnest irgendeine App. Scrollst. Bilder. Videos. Erfolgsgeschichten von Menschen, die scheinbar ihr Leben völlig im Griff haben. Und du denkst dir: „Verdammt. Wo bin ich in all dem? Was habe ich in den letzten Jahren eigentlich gemacht?" Und dann kommt der Moment. Es ist kein Blitzschlag. Kein dramatisches Hollywood-Erwachen. Es ist einfach nur… ein Entschluss. Ein tiefes, leises Wissen in dir, das plötzlich klar wird: „Ich kann so nicht weitermachen. Und ich will es auch nicht."

Und das Verrückte?

In dem Moment passiert nichts Spektakuläres. Die Welt draußen bleibt gleich. Die Nacht bleibt noch dunkel. Dein Zimmer bleibt still. Aber etwas in dir hat sich verschoben. Du atmest tief ein. Schließt die Augen. Und zum ersten Mal seit langer Zeit… fühlt es sich richtig an.

Was bedeutet das?

Veränderung beginnt oft genau so. Nicht mit Trommelwirbeln. Nicht mit Feuerwerken. Sondern mitten in der Nacht, leise, während du zwischen Zweifel und Klarheit taumelst.

Der Unterschied ist nur:

✕ Die einen schlafen danach weiter – und tun nichts.

✓ Die anderen wachen am nächsten Morgen auf – und tun den ersten verdammten Schritt.

Die Frage ist: Wer willst du sein?

Kapitel 8 – Wenn du endlich begreifst, dass du kein Kompromiss mehr sein willst

Es gibt diesen einen Moment. Den Moment, in dem du aufwachst – und plötzlich klar siehst. Vielleicht ist es nach einem Streit. Vielleicht ist es mitten im Alltag, zwischen Kaffee und E-Mails. Oder vielleicht ist es einfach, weil du es satt hast, dir selbst im Weg zu stehen. Egal, ob Single oder in einer Beziehung – irgendwann merkst du: „Ich will mich nicht mehr verbiegen, ich will einfach ICH sein." Und genau da beginnt der Wendepunkt.

Das Paar, das sich selbst verloren hat

Erinnerst du dich noch an den Anfang? An die Zeit, in der ihr euch über jede Nachricht gefreut habt? In der Nacht wach wart und geredet, als gäbe es nichts Wichtigeres auf der Welt?

Und dann… wurde es Alltag.

◆ Liebe wurde zu To-do-Listen.

◆ Verabredungen wurden zu Netflix-Abenden, an denen einer von euch nach zehn Minuten einschläft.

◆ „Wie war dein Tag?" wurde zu einem rein höflichen Satz – ohne echtes Interesse.

Bis zu dem Moment, an dem einer von euch auf einmal denkt: „Verdammt. Wann genau haben wir uns eigentlich verloren?"

Und dann beginnt die Frage: Ist es noch Liebe – oder nur noch Gewohnheit? Und wenn es noch Liebe ist – wann genau haben wir aufgehört, uns dafür Mühe zu geben? Der Wendepunkt kommt oft nicht als großes Drama. Nicht als Trennung. Sondern als leises Erkennen, dass so, wie es ist, etwas fehlt. Und die große Frage ist dann:
„Reparieren wir das – oder lassen wir es endgültig los?"

Single und satt von den eigenen Ausreden
Es gibt diese Art von Singles, die sagen: „Ich bin gern allein." Ich brauche niemanden." Und dann gibt es die anderen, die denken: „Vielleicht finde ich irgendwann jemanden – aber jetzt ist nicht der richtige Zeitpunkt."
Beide Gruppen haben eins gemeinsam: Irgendwann sitzen sie da und fragen sich, ob sie sich selbst nur belügen. Und dann kommt dieser Moment. Ein Gespräch mit einem glücklichen Paar. Ein einziger Samstagabend. Eine Hochzeit, auf der du realisierst, dass du die letzten fünf Jahre immer allein auf diesen verdammten Feiern warst. Und plötzlich spürst du es. Dieses leise Ziehen. Dieser Gedanke: „Vielleicht war mein Stolz nur eine Schutzmauer." Vielleicht habe ich mich nie wirklich getraut, das zuzulassen." Und dann?
Stehst du vor der Wahl:
1 Bleibst du in deiner alten Story, in der du angeblich niemanden brauchst?
2 Oder brichst du aus deiner Komfortzone aus – und erlaubst dir, wieder wirklich zu fühlen?

Der Punkt, an dem sich alles dreht

Es gibt eine Wahrheit, die sich viele nicht eingestehen wollen: Leben bedeutet Risiko. Liebe bedeutet, sich verletzlich zu machen. Veränderung bedeutet, sich Unsicherheiten zu stellen. Glück bedeutet, manchmal Dinge zu tun, die Angst machen. Und genau deshalb bleiben so viele Menschen in alten Mustern stecken. Nicht, weil sie nicht wissen, was sie wollen – sondern weil sie sich nicht trauen, danach zu greifen. Aber weißt du was? Irgendwann kommt der Moment, in dem du es nicht mehr aushältst. Das Mittelmaß. Die halben Gefühle. Das Leben, das „okay" ist – aber nicht wirklich deins. Und wenn du an diesem Punkt bist, dann hast du zwei Möglichkeiten:

✗ Weiterleben wie bisher. Alles bleibt gleich. Sicher, bequem, vorhersehbar. Aber du wirst immer mit dem nagenden Gefühl leben, dass da mehr hätte sein können.

✓ Den gefederten Wagen.

Verändern. Raus aus Beziehungen, die dich klein machen. Raus aus dem Gedanken, dass du weniger verdienst, als du eigentlich willst. Raus aus der Angst, dich selbst zu verlieren – weil du dich vielleicht zum ersten Mal wirklich findest.

Und jetzt?

Jetzt ist der Moment. Nicht nächste Woche. Nicht „wenn ich bereit bin". Nicht „wenn es sich leichter anfühlt".

JETZT!

Denn wenn du eines nicht vergessen darfst, dann das:
Es gibt kein perfektes Timing. Es gibt keine Garantie. Es gibt
nur das Leben, das du JETZT erschaffen kannst – oder eben
nicht. Und weißt du was? Menschen, die mutig sind, haben
keine Superkräfte. Sie haben Angst – genauso wie Du. Aber
sie tun es trotzdem. Und genau das ist der Unterschied.
Willst du weiterhin jemand sein, der wartet? Oder willst du
endlich jemand sein, der lebt? Du hast die Antwort längst in
dir. Jetzt musst du nur noch den ersten Schritt machen.

Kapitel 9 – Wenn du erkennst, dass nicht jeder dich mitnehmen kann

Es gibt diesen Moment im Leben. Den Moment, in dem du
spürst: „Ich verändere mich. "Du denkst anders. Du fühlst dich
anders. Du willst etwas anderes. Und plötzlich merkst du, dass
nicht alle Menschen in deinem Leben diese Veränderung
mitgehen können. Freunde, die früher selbstverständlich
waren, fühlen sich plötzlich fremd an. Gespräche, die dich mal
inspiriert haben, langweilen dich jetzt. Beziehungen, die sich
mal richtig angefühlt haben, drücken dich nur noch runter.
Und dann? Dann stehst du vor einer der schwierigsten
Entscheidungen deines Lebens.

Das Paar, das plötzlich in zwei Richtungen läuft

Am Anfang war alles im Gleichklang. Ihr habt über die
gleichen Dinge gelacht. Hattet die gleichen Träume. Seid Seite
an Seite durchs Leben gegangen. Und dann… kam die
Veränderung. Vielleicht war es schlimm. Vielleicht kam es mit
einem Knall. Vielleicht auch ganz schleichend
Aber eines Tages wachst du auf und merkst:
„Wir lieben uns noch. Aber wir haben uns verloren."

Einer wird wachsen. Der Andere bleibt stehen. Einer hinterfragt. Der Andere hält an alten Strukturen fest. Und dann kommt die schwerste Frage überhaupt: „Bleiben wir zusammen, weil es noch echt ist – oder nur, weil wir Angst vor dem Loslassen haben?" Manchmal bedeutet wahre Liebe, zu kämpfen. Aber manchmal bedeutet sie auch, ehrlich zu sein und sich gegenseitig freizugeben.

Freunde, die dich nicht mehr verstehen

Früher wart ihr ein Team. Immer die gleichen Gespräche, die gleichen Witze, die gleiche Energie. Und dann… hat sich etwas verschoben. Plötzlich fühlst du dich in manchen Gesprächen nicht mehr zu Hause. Du erzählst von deinen Gedanken, deinen neuen Erkenntnissen – aber dein Gegenüber reagiert nur mit einem: „Du hast dich irgendwie verändert." Und genau da trifft es dich: Ja, du hast dich verändert. Aber warum fühlt es sich so an, als wäre das etwas Schlechtes? Die Wahrheit ist: Manche Menschen wollen die alte Version von dir behalten. Weil sie sich nicht mit-entwickeln. Weil deine Veränderung sie daran erinnert, dass sie selbst feststecken. Und dann musst du dich fragen: Willst du dich kleiner machen, um in alte Freundschaften zu passen – oder traust du dich, weiterzugehen?

Wenn du dich von dir selbst entfernst

Und dann gibt es noch das härteste Szenario. Das, über das kaum jemand spricht. Was, wenn du dich selbst nicht mehr erkennst? Du wachst auf, siehst in den Spiegel – und da ist ein Mensch, der irgendwie… fremd aussieht. Nicht, weil du dich äußerlich verändert hast. Sondern weil du dich innerlich zu oft verleugnet hast.

- Zu oft „Ja" gesagt, wenn du „Nein" meintest.
- Zu oft geblieben, wo du längst hättest gehen sollen.
- Zu oft geschwiegen, wenn deine Seele nach Worten geschrien hat.

Und dann kommt der schwerste, aber wichtigste Moment: Der Moment, in dem du dich fragst, wer du eigentlich sein willst – ohne die Erwartungen der Anderen. Das ist der Punkt, an dem du dir selbst eine neue Chance geben musst. Nicht morgen. Nicht „wenn die Zeit reif ist".

Sondern Jetzt.

Warum dieser Wendepunkt so wichtig ist

Es gibt eine bittere Wahrheit, die jeder irgendwann erkennen muss: Nicht jeder ist für *IMMER* an deine Seite gedacht.

- Manche Menschen begleiten dich nur ein Stück des Weges.
- Manche Beziehungen zeigen dir, was du wert bist – indem sie dich daran erinnern, es nicht zu vergessen.
- Manche Freundschaften bestehen nur, solange du dieselbe Person bleibst.

Und irgendwann kommt der Moment, in dem du entscheiden musst: Willst du dein eigenes Leben führen – oder das Leben, das Andere von dir erwarten? Ja, es tut weh, Menschen hinter dich zu lassen. Aber weißt du, was noch mehr wehtut? Dich selbst zu verlieren, nur um ihnen zu gefallen.

Und jetzt?

Jetzt stehst du da. Mit der Wahrheit in der Hand. Du weißt, dass du wachsen willst. Du weißt, dass du dich veränderst. Du weißt, dass nicht jeder mitztkommen kann. Also, was willst du jetzt?

Bleibst du aus Angst vor dem Unbekannten stehen?

Oder gehst du den Weg weiter, der eigentlich schon längst deiner ist?

Es gibt keine richtige Antwort. Es gibt nur deine Entscheidung. Aber eines verspreche ich dir: Wenn du mutig genug bist, dich nicht mehr klein zu machen, dann wirst du endlich herausfinden, wer du wirklich bist. Und das?

Das ist das Schönste, was du in diesem Leben entdecken kannst.

Kapitel 10 – Wenn du dich selbst wieder findest – und plötzlich weißt, was du willst

Es beginnt mit einer kleinen Veränderung. Ein anderer Gedanke. Ein neuer Blick auf dein Leben. Ein Gefühl, das du lange nicht gespürt hast. Und dann merkst du es: „Verdammt, ich komme zurück zu mir." Du hast so lange versucht, allem gerecht zu werden. Hast dich angepasst, hast Kompromisse gemacht, hast Dinge akzeptiert, die dich leise gebrochen haben. Aber plötzlich… willst du das nicht mehr. Du willst mehr. Nicht von anderen. Von dir selbst.

Das Paar, das sich (neu) entdeckt

Es gibt einen Unterschied zwischen „zusammen sein" und „wirklich verbunden sein". Manchmal wird aus Liebe Gewohnheit. Manchmal verliert sich das Feuer irgendwo zwischen Alltagsstress und Verpflichtungen. Manchmal erkennt man sich selbst kaum wieder – geschweige denn den Anderen. Und dann kommt dieser Moment: Ein ehrliches Gespräch. Ein Blick, der mehr sagt als tausend Worte.

Ein Streit, nach dem man merkt: „Wir wollen uns eigentlich nicht verlieren – wir müssen uns nur neu finden."

Und dann beginnt ein neuer Weg:

Wieder lernen, hinzuhören – nicht nur zu hören.

Sich sehen – nicht nur nebeneinander existieren.

Sich bewusst machen, dass Liebe Arbeit ist – aber eine, die sich lohnt. Denn wahre Nähe entsteht nicht durch Perfektion, sondern durch den Mut, echt zu bleiben. Und den Anderen wirklich anzuschauen, tief, echt und verbunden.

Single, aber nicht mehr suchend – sondern findend

Es gibt zwei Arten von Singles.

Die, die sich ständig fragen:

- „Warum bin ich noch allein?"
- „Was stimmt nicht mit mir?"
- „Wo ist dieser verdammte Seelenpartner?"

Und dann gibt es die anderen.

Die, die eines Tages aufwachen und realisieren:

„Ich bin nicht auf der Suche – ich bin dabei, mich selbst zu finden." Und plötzlich wird alles anders.

Du hast keine Angst mehr vor dem Alleinsein – du genießt es. Du hörst auf, dich selbst klein zu machen, nur um jemandem zu gefallen. Du verstehst, dass du niemanden „brauchst" – aber dass es wunderschön wäre, jemanden zu haben, der einfach zu dir passt. Und genau das ist der Wendepunkt. Denn genau in dem Moment, in dem du aufhörst, dich zu verbiegen, wirst du plötzlich magnetisch für genau die Menschen, die wirklich zu dir passen.

Wenn du erkennst, dass du alles schon in dir hast

Die größte Lüge, die dir jemals erzählt wurde, ist: „Du bist nicht genug." Zu laut. Zu leise. Zu emotional. Zu kühl. Zu viel. Zu wenig usw......

Bullshit. Die Wahrheit ist: Du warst immer genug.

Du hast nur irgendwann aufgehört, es selbst zu glauben. Und genau das ist der Moment, in dem sich alles ändert. Der Moment, in dem du dich nicht mehr versteckst. Der Moment, in dem du sagst:

✓ Ich erwarte von anderen nicht mehr, mich zu retten – ich rette mich selbst.

✓ Ich warte nicht mehr darauf, dass mich jemand wählt – ich wähle mich selbst.

✓ Ich bin nicht mehr auf der Suche nach meinem Platz – ich kreiere ihn.

Denn, wenn du das begriffen hast, dann passiert etwas Magisches: Plötzlich beginnt das Leben, sich an dich anzupassen – und nicht andersherum.

Und jetzt?

Jetzt ist der Moment. Der Moment, in dem du entscheidest: Bleibst du in dem alten Denken, das dich klein hält?

Oder gehst du in dein neues Leben, in dem du endlich für dich einstehst? Egal, ob du in einer Beziehung bist oder Single – das hier ist dein Leben. Und es wartet nicht darauf, dass du irgendwann „bereit" bist. Es beginnt genau dann, wenn du es endlich zulässt. Und wenn du das spürst – wenn du tief in dir diese leise Gewissheit fühlst, dass du für Größeres bestimmt bist – dann gibt es nur eine Sache, die du tun musst: Hör auf, dich zurückzuhalten. Und fang endlich an, dein verdammtes Leben zu leben.

Kapitel 11 – Die Welt nach 2020 – und was sie aus uns gemacht hat

Es gibt zwei Arten von Menschen. Die einen sagen: „Ach, alles ist wieder normal." Die anderen sagen: „Nichts ist mehr, wie es war – und ich spüre es jeden Tag." Und wenn du ehrlich bist…

Du gehörst zur zweiten Gruppe. Denn du fühlst es. Oder? Diese unterschwellige Veränderung, die seit 2020 durch die Welt zieht. Dieses Gefühl, dass die Dinge nie mehr genau so sein werden, wie sie mal waren. Und wenn du genauer hinschaust, dann merkst du, was sich wirklich verändert hat.

Wie wir mit Nähe umgehen (oder eben nicht mehr)

Erinnerst du dich noch an das Jahr 2019? Menschen stehen nah beieinander. Ohne zu zögern, ohne darüber nachzudenken. Und jetzt?

Seit 2020 gibt es da dieses unsichtbare Ding zwischen uns.

- Menschen zucken innerlich zusammen, wenn jemand ihnen zu nahekommt.
- Umarmungen sind nicht mehr selbstverständlich – sie sind eine kleine Mutprobe.
- Berührung hat sich von „normal" zu „intim" verschoben – selbst unter Freunden.

Und vielleicht hast du es selbst schon erlebt: Da ist dieser eine Moment, in dem du merkst, dass du verlernt hast, einfach unbefangen mit anderen zu sein. Vielleicht in einem Gespräch, das irgendwie stockt. Vielleicht in einem Raum voller Menschen, der sich trotzdem leer anfühlt. Vielleicht, wenn du in ein Café gehst und realisierst, dass du es kaum noch kennst, einfach mit Fremden ins Gespräch zu kommen.

Denn die Welt nach 2020 ist eine andere. Wir sind anders.

Die emotionale Erschöpfung, die keiner ausspricht!

Du hast dich gefragt, warum sich alles so… so müde anfühlt? Hier ist die Wahrheit: Wir haben eine kollektive Erschöpfung durchlebt – und die meisten tun so, als wäre nichts passiert.

Von 2020 bis 2025 haben wir emotionalere Achterbahnen durchlebt als je zuvor.

- Die Unsicherheit, die uns innerlich mürbe gemacht hat.
- Die ständigen Veränderungen, auf die wir uns anpassen mussten.
- Das Gefühl, dass die Welt nie wieder „leicht" wird.

Und genau deshalb sind so viele Menschen heute ausgebrannter denn je. Nicht nur, weil sie zu viel arbeiten. Nicht nur, weil sie zu wenig schlafen. Sondern weil sie seit Jahren auf einer unterschwelligen Stresswelle reiten, die nie wirklich abebbt. Und dann gibt es diese Momente:

Du sitzt in deinem Wohnzimmer, alles ist eigentlich okay – aber du fühlst dich leer.

Du hast ein gutes Leben, aber du merkst, dass nichts dich mehr wirklich euphorisiert.

Du hast genug geschlafen, bist aber trotzdem tief in dir müde. Und genau hier kommt der Wendepunkt: Das Problem bist nicht du. Das Problem ist, dass wir alle kollektiv durch eine Zeit gegangen sind, die uns mehr genommen hat, als wir uns selbst eingestehen.

Beziehungen, die entweder zerbrachen oder tiefer wurden

Nach 2020 gab es zwei Arten von Paaren.

✕ Die, die sich nicht mehr ertragen konnten und auseinanderbrachen.

✓ Die, die die Krise genutzt haben, um sich noch enger miteinander zu verbinden.

Und weißt du, warum so viele Paare nicht überlebt haben? Weil das, was vorher schon nicht funktioniert hat, jetzt gnadenlos sichtbar wurde.

◆ Früher war Ablenkung einfach. Jeder war beschäftigt, der Alltag war gefüllt.

◆ Aber 2020 saßen Paare auf einmal 24/7 aufeinander – und mussten sich wirklich sehen.

◆ Und da gab es kein Verstecken mehr.

Und dann kam der Moment: „Halten wir das aus – oder war das hier nie das, was wir gedacht haben ?"

Die einen haben sich losgelassen. Weil sie erkannten, dass sie sich nur noch aus Gewohnheit hielten. Die anderen haben gekämpft. Haben die Wahrheit ausgesprochen, sind durch die Krisen gegangen – und haben sich neu gefunden. Und vielleicht warst du selbst einer dieser Menschen. Vielleicht war deine Beziehung von denen, die zerbrach. Vielleicht war sie eine von denen, die dadurch stärker wurde. Aber eines ist sicher: Nach 2020 hat niemand mehr in einer Beziehung bleiben können, die nicht echt war.

Was bedeutet das alles?

Die letzten Jahre haben uns geformt. Manche sind daran gewachsen. Manche haben sich verloren. Aber keiner, niemand ist mehr der Mensch, der er vorher war. Und wenn du das weißt, dann kommt die entscheidende Frage:

„Was mache ich jetzt mit diesem neuen Ich?"

Denn jetzt ist die Zeit, nicht nur zurückzuschauen, sondern nach vorne. Jetzt ist die Zeit, deine eigene Wahrheit zu leben. Und das bedeutet:

✓ Nicht länger an Menschen festhalten, die dich nicht mehr sehen.

✓ Nicht mehr die Version von dir zu spielen, die anderen gefallen soll.

✓ Nicht mehr warten, bis sich das Leben „richtig" anfühlt – sondern es aktiv so gestalten, wie es dich erfüllt.

Und das ALLES aus dem Herzen und nicht aus dem EGO.

Denn 2020 hat uns gezeigt: Alles kann sich jederzeit ändern. Und 2025 zeigt uns: Wenn du dich nicht selbst entscheidest, wer du sein willst – dann tut es jemand anderes für dich.

Also… wer bist du jetzt?

Kapitel 12 – Die Welt von morgen – und wie du in ihrem deinen Platz findest

2025

Wir stehen an einem Punkt, den keiner kommen sah. Eine Mischung aus Möglichkeiten und Chaos.

- Künstliche Intelligenz verändert, wie wir arbeiten und leben.
- Unsere Aufmerksamkeitsspanne ist kürzer denn je – aber unsere Sehnsucht ist noch größer denn je.
- Beziehungen sind komplizierter – weil wir zwischen echter Nähe und digitaler Distanz hin- und hergerissen sind. Und wenn du dich umsiehst, dann weißt du: Diese Welt ist nicht mehr dieselbe. Die Frage ist: Wie bleibst du selbst – in einer Zeit, die sich schneller verändert als je zuvor?

Beziehungen in einer Welt, die sich nicht mehr festlegt

Früher war klar: Man lernte sich kennen. Man verliebte sich. Man blieb zusammen – oder eben nicht.

Heute? Menschen wollen alles – aber nichts wirklich. Nähe ist da, aber es fehlt an Tiefe. Jeder hat Optionen – aber kaum einer macht wirklich eine Wahl. Und dann sitzt du da. Mit jemandem, mit dem es sich gut anfühlt – aber du weißt nicht, ob es wirklich echt ist. Du fragst dich: „Meint er/sie es ernst – oder bin ich nur eine von vielen Möglichkeiten?

Und das ist das Verrückte:

◆ Wir leben in einer Zeit, in der Verbindungen leichter entstehen – aber schwerer halten.

◆ Wir haben mehr Kommunikation denn je – aber oft weniger echte Gespräche.

◆ Wir suchen nach Liebe – aber haben Angst, uns wirklich darauf einzulassen.

Aber irgendwann kommt der Punkt, an dem du dich fragen musst: „Warte ich darauf, dass jemand sich für mich entscheidet – oder entscheide ich mich selbst?" Denn echte Liebe wird nie das Produkt einer schnellen Swipe-Entscheidung sein. Echte Liebe entsteht dort, wo Menschen sich wirklich sehen – und sich auch dann wählen, wenn es unbequem wird.

Wenn die Welt schneller wird, aber du langsamer sein musst

Unser Alltag ist ein endloser Strom aus Informationen.

◆ Nachrichten, Social Media, Push-Benachrichtigungen.

◆ Jeder Moment wird bewertet, kommentiert, geliked.

◆ Unsere Zeit wird in Minutenblöcken zerhackt – und echte Ruhe gibt es kaum noch.

Und dann merkst du: Du bist müde. Nicht nur körperlich – sondern seelisch. Wann hast du das letzte Mal wirklich nichts getan? Wann hast du das letzte Mal eine Stunde lang gar keine Nachrichten gelesen? Wann hast du das letzte Mal einfach nur "existiert" – ohne das Bedürfnis, produktiv sein zu müssen? Das Verrückte ist: Die Welt dreht sich schneller – aber wir Menschen brauchen das Gegenteil.

Wenn du nicht aufpasst, verlierst du dich in einem Leben, das sich nach außen groß anfühlt – aber innerlich leer ist.

Und genau deshalb kommt hier die wichtigste Erkenntnis: Wenn du in dieser Welt von morgen bestehen willst – musst du lernen, nicht zu werden.

- Dich von all dem Lärm nicht überrollen zu lassen.
- Dich auf das zu konzentrieren, was wirklich zählt.
- Nicht das Leben der anderen zu leben – sondern endlich dein eigenes Leben.

Wie du wirklich deinen Platz findest (und nicht nur überlebst)

Vielleicht fragst du dich: „Wo soll ich anfangen?" „Wie finde ich heraus, was ich wirklich will?" „Wie kann ich mich in dieser verrückten Welt behaupten – ohne mich selbst zu verlieren?"

Die Antwort ist einfach – aber nicht leicht. Du hörst auf, dich von der Welt diktieren zu lassen. Und fängst an, dein eigenes Leben zu schreiben.

- Hör auf, dich mit anderen zu vergleichen – es gibt keinen Wettbewerb ums Glück.
- Hör auf, das zu tun, was „man eben macht" – sondern tue das, was sich für dich richtig anfühlt.
- Hör auf, darauf zu warten, dass irgendwann alles „leichter" wird – denn das wird es nicht. Aber du wirst stärker.

Und wenn du das wirklich begreifst, dann passiert etwas Magisches: Du hörst auf, dich von der Welt treiben zu lassen – und beginnst, selbst die Richtung zu bestimmen. Du fühlst dich nicht mehr verloren – sondern endlich verbunden. Du bist nicht mehr ein Teil der Masse – sondern stehst für das Leben, das du wirklich führen willst. Und das? Das ist wahre Freiheit.

Und jetzt?

Du hast zwei Möglichkeiten.

1 Du lässt dich mitreißen. Du passt dich an. Du funktionierst. Du machst das, was alle machen – und hoffst, dass du damit glücklich wirst.

Oder...

2 Du entscheidest dich für dich. Für deine Wahrheit. Für das, was dich wirklich erfüllt. Für ein Leben, das nicht von Erwartungen gesteuert wird – sondern von deinem eigenen Herzschlag.

Und hier kommt die wichtigste Frage überhaupt:

Hast du den Mut, du selbst zu sein – auch wenn die Welt sich anders dreht? Denn wenn du das kannst, dann hast du das Größte erreicht, was es gibt:

Du bist nicht mehr ein Zuschauer in deinem Leben.

Du bist endlich derjenige, der die Geschichte selbst schreibt.

Der Moment, in dem du realisierst, dass du dich anpassen wolltest – aber dabei dich selbst verloren hast

Stell dir vor, es ist ein ganz normaler Tag. Du stehst morgens auf, machst dir einen Kaffee, scrollst durch dein Handy. Nachrichten. Soziale Medien. Die Welt tobt. Menschen streiten. Jeder hat eine Meinung, jeder weiß es besser.

Und dann kommt dieser Moment. Du hältst kurz inne. Spürst eine seltsame Leere in dir.

Und plötzlich denkst du: „Warum fühlt sich das alles so... fremd an?" „Warum habe ich das Gefühl, dass ich nicht mehr weiß, wer ich wirklich bin?"

Du merkst, dass du dich in den letzten Jahren immer mehr angepasst hast. An das, was andere denken. An das, was „richtig" erscheint. An das, was nicht aneckt, nicht auffällt, nicht unbequem ist. Aber dabei hast du eines vergessen: Dich selbst. Du hast aufgehört, wirklich zu hinterfragen, was du willst. Du hast angefangen, dich in der Masse zu verlieren. Und genau hier kommt der Wendepunkt:

Bleibst du in dieser Version deines Lebens – oder hast du den Mut, wieder DU zu sein? Denn das ist das größte Problem dieser Zeit: Menschen rennen in Richtungen, die gar nicht ihre sind – nur weil alle es tun. Aber irgendwann stehst du da und fragst dich: „Wer wäre ich, wenn niemand mir sagen würde, was ich tun soll?" „Was würde ich wirklich wollen, wenn ich alles andere ausblenden könnte?" Und genau diese Frage entscheidet, ob du nur existierst – oder wirklich lebst.

Kapitel 13 – Dein Leben gehört dir – wenn du es dir endlich nimmst

Wir haben über Veränderung gesprochen. Wir haben über das Chaos gesprochen. Aber eine Frage bleibt offen:

Wie fängst du jetzt wirklich an, dein eigenes Leben zu führen? Denn du kannst tausend Erkenntnisse haben – aber wenn du dich nicht änderst, dann bleibt alles beim Alten.

Und wie machst du es anders?

Wenn du immer nur träumst, aber nie handeln wirst

Kennst du diese Menschen, die ständig sagen:

◆ „Ich will mal reisen… aber jetzt ist nicht der richtige Zeitpunkt."

◆ „Ich sollte echt was verändern… aber erst, wenn ich mehr Klarheit habe."

◆ „Ich würde gern meinen Job kündigen… aber es ist gerade zu unsicher."

Jahre vergehen. Und sie stehen immer noch am selben Punkt. Warum? Weil sie warten, dass irgendwann alles perfekt ist. Aber hier ist die Wahrheit: Es wird nie perfekt sein. Du wirst nie zu 100 % bereit sein. Es wird nie den perfekten Moment geben. Aber es gibt immer eine Entscheidung, die du heute treffen kannst. Und die Frage ist: Machst du es – oder wartest du weiter?

Wenn du Angst hast, wirklich sichtbar zu werden

Vielleicht hast du große Träume. Vielleicht hast du eine Idee, die dich nicht loslässt.Aber dann kommt diese Stimme in deinem Kopf: „Was, wenn ich scheitere?" „Was, wenn mich Leute dafür verurteilen?" „Was, wenn ich nicht gut genug bin?" Und dann… tust du nichts. Lässt den Traum in der Schublade. Hältst dich selbst klein. Und eines Tages stehst du da und merkst: „Ich hatte nie ein Problem mit meinem Potenzial – ich hatte nur Angst, es wirklich zu leben." Aber hier kommt das Ding: Die Menschen, die etwas verändern, sind nicht die, die keine Angst haben. Es sind die, die Angst haben – und es trotzdem tun. Hör auf, dich selbst klein zuhalten.

Höre auf, darauf zu warten, dass du „bereit" bist.

Denn das perfekte Leben beginnt nicht, wenn du keine Angst mehr hast. Es beginnt, wenn du dich nicht mehr von ihr halten lässt.

Die Wahrheit über Erfolg, die keiner hören will

Es gibt eine Sache, die sich alle wünschen:

✓ Erfolg.

✓ Erfüllung.

✓ Ein Leben, das sich richtig anfühlt.

Aber weißt du, warum es nur wenige schaffen?

✗ Weil sie glauben, dass es leicht sein muss.

✗ Weil sie aufgeben, wenn es unbequem wird.

✗ Weil sie denken, dass die Angst aufhören muss, bevor sie loslegen können.

Aber hier ist die Wahrheit:

Niemand, der etwas erreicht hat, hatte es am Anfang leicht. Jeder, der heute stark ist, musste durch Phasen, in denen er schnell aufgegeben hätte. Und die, die wirklich erfolgreich sind, haben eine Sache gemeinsam: Sie sind nie stehen geblieben. Das bedeutet für dich: Du wirst zweifeln. Aber machst weiter. Es wird Tage geben, an denen du denkst, es lohnt sich nicht. Aber machst weiter. Es wird Rückschläge geben. Aber du machst verdammt nochmal weiter. Denn genau das ist der Unterschied zwischen denen, die ein erfülltes Leben führen – und denen, die irgendwann sagen: *„Hätte ich damals doch nur…"*

Der eine Satz, der dein Leben verändern kann

Wenn du nur das Eine aus diesem Kapitel mitnimmst, dann diesen Satz: „Was, wenn ich es einfach tue?"

Was, wenn du dich einfach für dich entscheidest? Was, wenn du endlich loslegst, statt weiter zu zweifeln? Was, wenn du in fünf Jahren zurückschaust – und dankbar bist, dass du heute den ersten Schritt gemacht hast?

Denn hier kommt die Realität:

Du wirst nicht durch Denken wachsen – sondern durch Handeln.

Du wirst nicht durch Warten mutiger – sondern durch Tun.

Du wirst nicht durchs Nachdenken lebendig – sondern durchs Leben.

Also, was war jetzt? Willst du noch länger darüber reden?

Oder fängst du heute endlich an?

Kapitel 14 – Die letzte Tür – und warum du vorher wirklich leben solltest

Es gibt eine Tür im Leben, die sich für immer schließt.

Sie hat kein Schloss. Keine Klinke. Kein Zurück.

Manche Menschen glauben, dass sie nie kommt. Andere verdrängen sie. Aber eines ist sicher:

Irgendwann stehst du davor. Und wenn es soweit ist, dann gibt es nur eine Frage: „Habe ich wirklich gelebt?" Nicht funktioniert. Nicht überlebt. Nicht "es allen recht gemacht."

Sondern wirklich gelebt? Und wenn du diesen Gedanken jetzt unangenehm findest, dann ist das gut.

Denn das bedeutet, dass du noch Zeit hast, etwas zu ändern.

Das Café, in dem sich zwei Leben kreuzen

Stell dir vor, du sitzt in einem kleinen Café. Es ist einer dieser ruhigen Nachmittage. Ein älterer Mann sitzt am Tisch neben dir. Er rührt seinen Kaffee um. Langsam, fast gedankenverloren. Und dann hebt er den Kopf und sagt zu dir – einfach so, mitten ins Nichts: „Weißt du, was das Schlimmste ist? Dass ich nicht einmal genau weiß, wann ich aufgehört habe, wirklich zu leben." Du schaust ihn überrascht an. Aber in seinen Augen liegt keine Trauer. Nur Erkenntnis. „Ich hatte Pläne. Große Pläne. Aber ich habe immer gesagt: ‚Morgen. Nächste Woche. Später."

Und jetzt sitze ich hier – und frage mich, wann eigentlich dieses ‚später' kommen sollte." Dann nimmt er einen Schluck Kaffee, lächelt müde und sagt leise: „Tu mir einen Gefallen. Warte nicht so lange wie ich." Du bist erstarrt, fühlst dich erkannt und doch nicht , fühlst dich aufgewühlt und schockiert zugleich. Bist wie gelähmt und hypnotisiert. Und dann stehst du auf. Gehst raus. Beginnst, gefühlt nach Minuten, wieder zu atmen. Was war das...? Was soll das... ? Du merkst, dass dieser ältere Mann etwas in dir angesprochen hat, was du vielleicht noch nicht gesehen und gespürt hast.

Und merkst, dass sich etwas in dir verändert.

Die letzte Tür, die du nie mehr öffnen kannst

Viele Menschen leben, als hätten sie unendlich Zeit. Aber das ist die größte Lüge überhaupt. Denn irgendwann kommt der Moment, in dem du die allerletzte Tür durchschreitest.

Und wenn sie hinter dir zufällt, dann bleibt sie zu.

◆ Kein Zurück.

◆ Kein „Ich hätte noch so viel tun können."

◆ Kein „Aber eigentlich wollte ich doch noch..."

◆ Kein Hätte ich mal...

Das war's. Zu... geschlossen... keinen Schlüssel... das war's... für IMMER.

Und das Schlimmste?

Nicht, dass du stirbst – sondern dass du vorher nie wirklich gelebt hast. Dass du dich klein gemacht hast. Dass du Dinge aufgeschoben hast, die dich glücklich gemacht hätten. Dass du dich hast bremsen lassen – von Angst, von Erwartungen, von Dingen, die am Ende völlig egal sind.

Denn weißt du, was in diesen letzten Momenten niemand mehr sagt?

✗ „Ich wünschte, ich hätte mehr Zeit mit meiner Steuererklärung verbracht."

✗ „Ich wünschte, ich hätte mich mehr zurückgehalten."

✗ „Ich wünschte, ich hätte mich noch mehr um Dinge gesorgt, die nie wirklich wichtig waren."

Nein.

Menschen, die an dieser letzten Tür stehen, sagen immer dasselbe:

✓ „Ich wünschte, ich hätte öfter den Mut gehabt, einfach ich selbst zu sein."

✓ „Ich wünschte, ich hätte mir weniger Sorgen gemacht und mehr gelacht."

✓ „Ich wünschte, ich hätte verstanden, dass es nie um Perfektion ging – sondern darum, einfach zu leben."

Und genau da sind wir jetzt:

Du stehst noch nicht an dieser letzten Tür. Aber irgendwann wirst du dort stehen. Also frage dich jetzt:

Wie willst du leben, damit du am Ende nichts bereuen musst?

Die Wahrheit über das Warten auf den „richtigen Moment"

Hier ist eine weitere Lügen des Lebens:

„Irgendwann wird sich alles richtig anfühlen – dann kann ich loslegen."

Aber weißt du, was die Wahrheit ist?

✕ Es gibt keinen perfekten Moment.

✕ Du wirst nie 100 % bereit sein.

✕ Es wird immer Zweifel, Ängste und Unsicherheiten geben. Und während du wartest, zieht das Leben an dir vorbei.

✕ Du wartest auf den perfekten Zeitpunkt – und verpasst die Chancen, die schon da sind.

✕ Du wartest, dass die Angst verschwindet – und realisierst nicht, dass Mut bedeutet, trotz Angst zu handeln.

✕ Du wartest, dass alles leichter wird – und übersiehst, dass du längst stark genug bist, um einfach loszugehen.

Also frage dich:

„Werde ich noch ein Jahr warten? Oder werde ich endlich die Entscheidung treffen, die mein Leben verändert?"

Denn eines Tages wirst du zurückblicken.

Und dann gibt es nur zwei Dinge, die du denken kannst:

✓ „Ich habe es versucht. Ich habe gelebt."

✗ „Ich hätte es tun sollen. Aber jetzt ist es zu spät."

Und ich verspreche dir: Die zweite Option wird sich niemals gut anfühlen.

Und jetzt?

Jetzt hast du eine Wahl.

1 Du liest das – und machst einfach weiter wie bisher.

Vergisst das Gefühl. Schiebst die Gedanken weg.

Und bleibst in deiner alten Realität.

Oder...

2 Du tust etwas, das die meisten nie tun. Du entscheidest dich bewusst, dein Leben zu leben. Nicht mehr nur zu existieren. Nicht mehr nur zu träumen – sondern zu handeln. Denn du hast genau zwei Möglichkeiten:

✗ Du wirst eines Tages sterben – ohne jemals wirklich gelebt zu haben.

✓ Oder du wirst eines Tages sterben – und mit einem Lächeln sagen: „Es war verdammt noch mal ein großartiges Leben." Welche Version willst du? Denn am Ende kommt sie, diese letzte Tür.

Die Frage ist nur: Wirst du vorher wirklich gelebt haben?

Kapitel 15 – Single oder in einer Beziehung – warum die Herausforderung die Gleiche ist

Seit 2020 hat sich vieles verändert. Aber eine Sache ist geblieben: Egal, ob du Single bist oder in einer Beziehung – das Leben stellt dich vor die gleiche Frage: „Wie sehr kannst du mit dir selbst sein – und wie sehr kannst du mit anderen sein?" Denn die größte Herausforderung ist nicht der Beziehungsstatus. Es ist die Beziehung zu dir selbst.

Single und am Rande des Wahnsinns

Stell dir vor, du bist Single. Eigentlich ist alles gut. Du bist unabhängig. Du kannst tun, was du willst. Aber dann…

Kommt ein Sonntagabend, an dem du dich leer fühlst.

Kommt ein Moment, in dem du dich fragst, ob du jemals wieder echte Nähe spüren wirst.

Kommt eine Hochzeitseinladung – und plötzlich fühlst du dich wie das fünfte Rad am Wagen.

Nein... sagst du jetzt, das fühlte ich nie... oder war es gerade der eine Triggerpunkt, der dich in irgendeinem Nerv traf.

Und dann sind da die Momente, in denen du dich fragst:

❓„Bin ich wirklich glücklich allein – oder habe ich es mir nur schön geredet?"

❓„Warum scheint es bei anderen so leicht zu gehen – und ich kämpfe damit?"

❓„Ist es wirklich meine Entscheidung – oder ist es einfach passiert?"

Und dann die Gesellschaft:

„Warum bist du noch Single?" "Wann lernst du mal jemanden kennen?" „Du hast doch so viel zu bieten!" Du lächelst. Sagst irgendwas Nettes. Aber innerlich denkst du: „Halt einfach die Klappe." Denn was keiner versteht: Single sein bedeutet nicht automatisch, dass du suchst. Und es bedeutet auch nicht, dass du dich damit abgefunden hast. Es bedeutet, dass du immer wieder mit dir selbst klarkommen musst. Mit deinen Gedanken. Deinen Sehnsüchten. Deinen Ängsten. Und genau das ist die eigentliche Herausforderung.

Beziehung und trotzdem einsam

Stell dir vor, du bist in einer Beziehung. Du hast jemanden. Euer Leben ist eingespielt. Es gibt gemeinsame Routinen. Und dann kommt dieser eine Moment, in dem du in einem Raum mit deinem Partner sitzt – und dich trotzdem einsam fühlst.

„Warum haben wir uns so auseinandergelebt?"

„Sind wir noch wirklich wir – oder nur noch Gewohnheit?"

„Was, wenn wir uns längst nicht mehr verstehen – aber keiner es ausspricht?"

Und das Verrückte ist: Manche Singles sehnen sich nach Nähe – und manche Menschen in Beziehungen sehnen sich nach sich selbst. Denn Liebe heißt nicht automatisch, dass du dich gesehen fühlst. Und allein sein heißt nicht automatisch, dass du einsam bist.

Was ist schlimmer? Einsamkeit in der Stille deiner eigenen Wohnung – oder Einsamkeit neben jemandem, den du mal geliebt hast? Und genau hier wird es spannend.

Denn das Problem ist nicht, ob du Single oder vergeben bist.

Das Problem ist, ob du dich selbst in deiner eigenen Geschichte verlierst.

Die eigentliche Herausforderung – und wie du sie überwindest

Es gibt eine Wahrheit, die niemand hören will: Solange du nicht mit dir selbst im Reinen bist, wird kein Beziehungsstatus der Welt dich retten. Ein Single, der sich selbst kennt, ist glücklicher als jemand, der in der falschen Beziehung steckt. Ein Paar, das sich wirklich sieht, hat mehr echte Nähe als zwei Menschen, die nebeneinander leben, sich aber nicht mehr miteinander fühlen. Also, was kannst du tun?

1 Höre auf, nach Bestätigung zu suchen. Ob du glücklich bist, entscheidet nicht die Frage, ob du jemanden hast oder nicht. Es entscheidet, wie du mit dir selbst klarkommst.

2 Hör auf, dich in einem Status sicher fühlen zu wollen. Viele Menschen bleiben in Beziehungen, weil es „sicher" ist. Andere bleiben Single, weil sie Angst haben, sich wirklich zu öffnen. Aber wenn Sicherheit deine größte Motivation ist, wirst du nie wahre Erfüllung finden.

3 Hör auf, dich in Vergleichen zu verlieren. Egal, ob du Single bist oder vergeben – du bist nicht falsch. Die Frage ist nur: Lebst du wirklich das, was dich erfüllt – oder nur das, was sich bequem anfühlt?

Und jetzt?

Jetzt hast du die Wahl.

1 Bleibst du in einer Realität, die dich vielleicht nicht erfüllt – nur weil du Angst hast, sie zu hinterfragen?

2 Oder fängst du an, wirklich ehrlich zu dir selbst zu sein – und dein Leben danach auszurichten?

Denn egal, ob du Single bist oder in einer Beziehung:
Wenn du dich selbst nicht fühlst, wird es keiner für dich tun.
Wenn du nicht weißt, was du willst, wird das Leben für dich
entscheiden.
Und wenn du dich selbst nicht genug liebst, dann wird keine
andere Liebe dieser Welt dich je ausfüllen können.
Also... was war jetzt?
Hoffst du weiter, dass das Leben dir irgendwann die Antworten
gibt? Oder hast du endlich den Mut, die verdammten Fragen
dir selbst zu stellen? Denn dein Status ist nicht das Problem.
Deine Entscheidung, was du daraus machst, ist es.

Wir haben über Be-ziehungen, über Singles, über
Veränderung und über das innere Chaos gesprochen.
Aber was tun Menschen jetzt mit all dem?
„Ja, es ist manchmal ein verdammter Schleudergang – aber
wie kommst du da wieder raus?"

Kapitel 16 – Wenn das Leben Kopf steht, aber du die Richtung bestimmen kannst

Hast du das Gefühl, dass die letzten Jahre sich manchmal
angefühlt haben wie eine Szene aus einem schlechten Film?
Irgendwas zwischen Sci-Fi-Dystopie, Drama und absurdem
Humor?
Menschen haben sich verändert.
Beziehungen sind intensiver, aber auch fragiler geworden.
Die Welt fühlt sich schneller an – aber gleichzeitig auch stiller.
Und mitten in all dem stehst du. Mit all deinen Gedanken,
deinen Ängsten, deinen Sehnsüchten.

Die Frage ist jetzt: Was machst du damit?

Denn wenn du eines gelernt hast, dann das: Niemand kommt vorbei und sagt dir, wie du mit diesem Chaos umgehen sollst. Das musst du selbst herausfinden.

Also los – fangen wir an, den Schleudergang zu steuern.

Wenn die Welt dich zieht, aber du lernen musst, zu stehen

Du wächst auf. Draußen läuft das Leben in Hochgeschwindigkeit.

◆ Nachrichten, die dich überrollen.

◆ Erwartungen, die an dir zerren.

◆ Menschen, die von dir wollen, dass du funktionierst.

Und dann gibt es diesen Moment, in dem du realisierst: „Ich werde hier durchgeschleudert – aber wann habe ich eigentlich mal selbst entschieden, wo es hingeht?" Denn das ist das größte Problem unserer Zeit: Die Welt zieht dich in alle Richtungen – aber kaum jemand zeigt dir, wie du deinen eigenen Standpunkt findest. Also, was ist die Lösung?

Lerne, deine eigene verdammte Richtung zu bestimmen. Übernimm wieder SELBST-verANTWORTung.

Und das beginnt mit einer einfachen Frage: „Was ist mir wirklich wichtig – und was ist nur Lärm?" Denn wenn du dich in allem verlierst, was andere von dir erwarten, dann wirst du eines Tages aufwachen und dich fragen: „Wann habe ich eigentlich aufgehört, mein eigenes Leben zu führen?"

Wenn du dich ständig überfordert fühlst

Vielleicht hast du das Gefühl, dass einfach alles zu viel ist.

◆ Zu viele Entscheidungen.

◆ Zu viele Gedanken.

◆ Zu viele Gefühle, die nicht wirklich verarbeitet sind.

Und dann gibt es zwei Arten von Menschen:

✕ Die einen geben auf. Sie lassen sich treiben. Machen weiter wie bisher. Warten darauf, dass es irgendwann „leichter" wird oder der "richtige" Zeitpunkt wird noch kommen.

✓ Die anderen fangen an, kleine, manchmal sogar radikale Entscheidungen für sich selbst zu treffen.

Denn das ist der Trick: Du musst nicht sofort alles ändern – aber du musst anfangen, etwas zu ändern.

Vielleicht ist es:

✓ Ein einziges „Nein", das du endlich aussprichst.

✓ Ein einziger Morgen, an dem du nicht direkt dein Handy checkst.

✓ Ein einziger Tag, an dem du dich bewusst fragst: „Was will ICH wirklich?"

Denn große Veränderungen beginnen nicht mit riesigen Schritten. Sie beginnen mit einer einzigen Entscheidung, die du heute triffst.

Wenn du aufhörst, alles kontrollieren zu wollen

Hier ist die Wahrheit, die keiner hören will:

Du wirst das Chaos nicht stoppen können. Du wirst die Welt nicht perfekt ordnen können.

Aber du kannst lernen, dich selbst darin nicht zu verlieren.

Denn die größten Probleme entstehen dann, wenn du krampfhaft versuchst, alles unter Kontrolle zu haben.

◆ Du willst, dass dein Leben immer planbar ist? Pech gehabt – das wird es nie sein.

◆ Du willst, dass Menschen sich so verhalten, wie du es erwartest? Wird nicht passieren.

◆ Du willst, dass sich alles immer richtig anfühlt? Da kannst du lange warten.

Die Lösung? Lerne, dich in der Unsicherheit sicher zu fühlen. Denn die besten Dinge im Leben passieren nicht, weil du alles kontrollieren kannst – sondern weil du lernst, damit zu tanzen.

Also anstatt dich ständig zu fragen: „Was, wenn es schiefgeht?"

Frag dich lieber: „Was, wenn es genau das ist, was ich jetzt brauche?" Denn das Leben ist nicht dazu da, dass du es perfekt planst. Es ist dazu da, dass du es verdammt noch mal lebst.

Und jetzt?

Jetzt hast du zwei Möglichkeiten.

1 Du machst weiter wie bisher. Lässt dich weiter schleudern. Versuchst, alles zu kontrollieren. Hoffst, dass irgendwann alles „einfach wird."

Oder…

2 Du entscheidest dich dafür, dass es nicht darum geht, das Leben zu verstehen – sondern es wirklich zu (er)leben.

Denn wenn du eines aus all dem mitnehmen kannst, dann das:

Das Leben wird nie weniger chaotisch – aber du kannst lernen, deine eigene Ruhe darin zu finden.

Es geht nicht darum, nie zu fallen – sondern darum, dass du lernst, immer wieder aufzustehen.

Und am Ende geht es nicht darum, perfekt zu sein – sondern darum, dass du mutig genug bist, echt zu sein.

Also… was jetzt?

Wirst du dich weiter treiben lassen? Oder wirst du endlich anfangen, deine Richtung selbst zu bestimmen?

Denn das Leben ist manchmal ein verdammter Schleudergang. Aber du entscheidest, ob du dich nur drehen lässt – oder ob du am Ende genau da landest, wo du wirklich sein willst.

Die Geschichte vom Schiff ohne Kapitän

Stell dir vor, du bist ein Schiff. Mitten auf dem offenen Meer. Du hast Segel, du hast einen Kompass. Aber es gibt ein Problem: Kein Kapitän. Keiner, der sagt, wo es hingeht. Keiner, der steuert. Keiner, der die Richtung vorgibt. Also was passiert? Die Winde wehen – und du treibst. Die Wellen schlagen – und du wirst hin- und hergeworfen. Manchmal siehst du das Ufer – und manchmal gar nichts mehr. Und das ist genau das, was mit so vielen Menschen passiert. Sie leben – aber sie steuern ihr Leben nicht. Sie existieren – aber sie wissen nicht, wohin sie wollen. Sie lassen sich treiben – und hoffen, dass das Leben sie irgendwohin bringt.

Aber hier ist die brutale Wahrheit: Ohne Kapitän wirst du nirgendwo ankommen, außer zufällig irgendwo. Ohne Kapitän wirst du nicht segeln – du wirst nur überleben. Ohne Kapitän bleibt dein Leben ein endloses Hin und Her – ohne Ziel, ohne Richtung, ohne Sinn. Und dann kommt die eigentliche Frage: Wann genau hast du aufgehört, Kapitän in deinem eigenen Leben zu sein?

Der Moment, in dem du das Ruder wieder übernimmst

Hier ist die Lösung: Du musst nicht alles wissen. Du musst nicht alle Antworten haben. Du musst nicht mal sicher sein, ob du den richtigen Kurs fährst.

Aber du musst entscheiden.

◆ Ob du weiterhin nur getrieben wirst – oder endlich selbst steuerst.

◆ Ob du weiter wartest – oder endlich loslegst.

◆ Ob du Angst hast vor dem Unbekannten – oder ob du es als dein nächstes Abenteuer siehst.

Denn hier ist die ultimative Wahrheit:

Du bist nicht das Schiff.

Du bist nicht die Wellen.

Du bist der verdammte Kapitän.

Und wenn du das verstehst, dann ändert sich alles.

Was ist mit der größeren Perspektive?

Warum sind wir eigentlich hier?

Was machen wir mit dieser Zeit, die wir haben?

Wie können wir nicht nur überleben – sondern ein verdammt unvergessliches Leben führen?

Kapitel 17 – Dein Leben ist mehr als eine Endlosschleife – wenn du es zulässt

Du stehst auf. Jeden Tag. Du machst Dinge, die du gestern auch gemacht hast.

Arbeiten, schlafen, essen. Funktionieren, überleben, irgendwie klarkommen.

Und dann? Dann kommt der nächste Tag. Und dann wieder. Und irgendwann fragst du dich:

„War das alles? Ist das mein Leben?" Aber weißt du was?

Die meisten Menschen stellen sich diese Frage nie bewusst.

Sie wachen nicht eines Morgens auf und sagen: „Heute entscheide ich mich, ein mittelmäßiges Leben zu führen!"

Nein. Es passiert langsam. Schleichend. Ein kleiner Kompromiss hier. Ein „Ich mache das später" da. Ein „Jetzt ist nicht der richtige Zeitpunkt." Und auf einmal sind Jahre vergangen.

Und dann kommt der Moment, in dem du realisierst: „Ich bin nicht wirklich losgegangen. Ich habe nur die Zeit überbrückt."

Die Menschen, die etwas verändern – und die, die nur zuschauen

Es gibt zwei Arten von Menschen auf dieser Welt.

1. Diejenigen, die ihr eigenes Leben gestalten.
2. Diejenigen, die darauf warten, dass sich das Leben für sie ändert.

Die zweite Gruppe gibt es überall. Menschen, die sich beschweren. Die sich „noch nicht bereit fühlen." Die immer eine Ausrede haben, warum sie ihr wahres Leben nicht leben.

- „Ich will etwas Eigenes starten, aber jetzt ist nicht die richtige Zeit."
- „Ich will mehr Abenteuer in meinem Leben, aber mein Job…"
- „Ich will eine tiefere Beziehung, aber mein Partner…"

Was ist das Problem? Sie sind Zuschauer in ihrem eigenen Leben. Und dann gibt es die anderen.

Die, die etwas verändern. Menschen, die sagen:

„Ich habe keinen perfekten Plan – aber ich fange trotzdem an."

„Ich habe Angst – aber ich lasse mich nicht davon aufhalten."

„Ich weiß nicht, wie es ausgeht – aber ich will es herausfinden."

Und genau hier ist der Punkt:

Bist du der Zuschauer – oder der, der spielt?

Denn eines ist sicher: Das Leben spielt sich jetzt ab.

Die Frage ist nur: Bist du dabei oder sitzt du auf der Ersatzbank?

Der Tag, an dem du realisierst, dass du mehr willst

Es gibt diesen Moment. Für jeden. Vielleicht stehst du in der Dusche. Vielleicht sitzt du abends mit einem Glas Wein auf dem Balkon. Vielleicht bist du in einem Café und siehst jemanden, der ein Buch liest, das dich neugierig macht.

Und dann kommt dieser Gedanke.

„Da ist mehr. Da muss mehr sein. Ich kann nicht so weiterleben." "Ich will so nicht weitermachen!"

Und dann gibt es zwei Möglichkeiten. Du unterdrückst ihn. Sagst dir: „Ach komm, jetzt nicht." Machst weiter wie bisher. Lässt den Gedanken einfach verschwinden.

Oder...

Du lässt ihn größer werden. Du erlaubst dir, wirklich hinzuhören. Du beginnst, dein Leben nicht nur zu hinterfragen – sondern endlich zu verändern. Und das ist der Moment, in dem dein echtes Leben beginnt.

Die Wahrheit über Angst und Mut

Die meisten Menschen denken, dass sie irgendwann bereit sein werden.

„Wenn ich mehr Geld habe…"

„Wenn ich mehr Sicherheit habe…"

„Wenn ich keine Angst mehr habe…"

Aber das ist der größte Bullshit überhaupt. Du wirst nie 100 % bereit sein. Es wird nie den perfekten Moment geben. Und Angst ist nicht das Zeichen, dass du warten solltest – sondern das Zeichen, dass du losgehst.

Denn Mut ist nicht das Fehlen von Angst. Mut bedeutet, Angst zu haben – und trotzdem weiterzumachen. Und wenn du das verstehst, dann passiert etwas Magisches:

Das Leben beginnt sich zu bewegen.

Weil du endlich den ersten Schritt machst.

Weil du endlich die Kontrolle übernimmst.

Weil du endlich ja zu deinem verdammten Leben sagst.

Und jetzt?

Jetzt gibt es keine Ausreden mehr. Keine Ablenkungen. Keine „Aber was ist, wenn…"- Gedanken.

Es gibt nur noch dich und dein Leben.

Willst du es so weiterleben wie bisher – oder willst du endlich etwas verändern?

Willst du Zuschauer bleiben – oder endlich Hauptdarsteller werden?

Willst du eine fade Story – oder eine verdammt epische Geschichte schreiben?

Denn das Leben wartet nicht. Es passiert. Jetzt. Mit oder ohne dich. Also, was ist deine Entscheidung?

Bist du dabei – oder verpasst du die beste Show deines Lebens?

Kapitel 18 – Dein Leben beginnt genau JETZT – oder es beginnt nie

Hör auf. Hör auf, zu denken, du hättest unendlich Zeit. Hör auf, zu glauben, dass du später noch kannst.

Denn hier ist die Wahrheit, die keiner hören will:

Irgendwann gibt es kein später mehr.

Irgendwann ist das Buch deines Lebens geschrieben – und du kannst nichts mehr zu ändern.

Und wenn du jetzt nicht aufstehst und endlich LEBST, dann wirst du es vielleicht nie tun.

Stell dir vor, dein Leben wäre ein Film…

Dreh die Perspektive um. Schau nicht aus deinen eigenen Augen. Stell dir vor, dein Leben wäre ein Film. Und du sitzt nicht in der Hauptrolle – sondern als Zuschauer in der letzten Reihe.

Was würdest du sehen?

◆ Jemanden, der sein eigenes Potenzial lebt – oder der sich versteckt?

◆ Jemanden, der Risiken eingeht – oder der alles auf „später" verschiebt?

◆ Jemanden, der sein Leben feiert – oder der sich in Angst, Ausreden und Erwartungen verliert?

Und jetzt kommt die entscheidende Frage:

Wäre das ein verdammt geiler Film – oder ein mittelmäßiges Drama, das keiner sehen will?

Und wenn es das Zweite ist, dann sag mir eins: Warum schreibst du diese Geschichte so?

Denn du kannst jederzeit den Stift in die Hand nehmen und das verdammte Drehbuch umschreiben. Du kannst jederzeit eine neue Szene einfügen. Du kannst jederzeit entscheiden, dass das hier der Wendepunkt ist. Und wenn du es nicht tust? Dann schließt sich das Buch eines Tages – und das war's.

Der eine Tag, der dein Leben verändert

Denk zurück. Es gab diesen einen Tag in deinem Leben, an dem alles anders wurde. Vielleicht war es, als jemand ging – und du realisiert hast, wie kostbar Zeit ist. Vielleicht war es ein Gespräch, das dein Denken verändert hat. Vielleicht war es ein Moment, in dem du gespürt hast: „Ich kann nicht so weitermachen."

Das war der Tag, an dem du einen Funken gesehen hast.

Aber hast du daraus ein Feuer gemacht – oder hast du ihn wieder gelöscht?

Denn hier ist die Wahrheit:

Das Leben schickt dir immer wieder diese Tage. Es zeigt dir immer wieder Türen. Es gibt dir immer wieder Gelegenheiten, ALLES zu ändern.

Die Frage ist nur:

Bist du jemand, der durch diese Tür geht – oder Der stehen bleibt und wartet, dass sie sich von selbst öffnet?

Denn Türen schließen sich auch wieder.

Und manchmal… öffnen sie sich nie wieder.

Der Tag, an dem du aufwachst und es zu spät ist

Jetzt kommt das Bild, das sich einbrennt.

Stell dir vor, es ist der letzte Tag deines Lebens.

- Du sitzt irgendwo, vielleicht allein.
- Du denkst zurück.
- Du siehst all die Chancen, die du nicht genutzt hast.

Und dann stellst du dir die Frage: „Habe ich es wirklich versucht – oder habe ich mein Leben nur abgesessen?"

Und genau in diesem Moment spürst du, dass du nichts mehr tun kannst. Die Zeit ist weg. Die Möglichkeiten sind vorbei.

Und jetzt gibt es kein nächstes Kapitel mehr.

„Verdammt, das darf mir nicht passieren. Ich muss JETZT anfangen, wirklich zu leben."

Die letzte Frage, die du dir stellen musst

Jetzt ist es soweit. Jetzt gibt es keine Ausreden mehr. Jetzt gibt es nur noch eine verdammte Entscheidung. Wirst du weiter abwarten – oder wirst du ab heute das verdammt beste Leben leben, das du dir vorstellen kannst? Wirst du weiter nach Gründen suchen, warum du nicht kannst – oder wirst du endlich die Tür eintreten? Wirst du den verdammten Stift in die Hand nehmen und das geilste Drehbuch schreiben, das du jemals geschrieben hast? Denn wenn du jetzt nicht „JA" zu deinem Leben sagst, dann sagst du automatisch „NEIN". Und das? Das ist keine Option mehr.

Kapitel 19 – Dein Leben hat keine Proberunde – es läuft JETZT

Stell dir vor, du wärst in einem riesigen Stadion. Die Scheinwerfer gehen an. Die Bühne gehört dir.

Alle Blicke sind auf dich gerichtet. Aber du stehst da und sagst nichts. Du schaust nur. Wartest. Zweifelst. Fragst dich, ob du gut genug bist. Bis jemand hinter dir ruft: „SHOW OVER!" – und der Vorhang fällt.

Das war dein Leben. Du hattest deine Bühne. Du hattest deine Momente. Aber du hast gewartet – auf den richtigen Moment, auf mehr Mut, auf weniger Angst.

Und dann war's DAS - VORBEI - ENDE - AUS!

Und jetzt sag mir: Willst du, dass deine Geschichte so endet?
Willst du, dass dein ganzes Leben eine ungenutzte Bühne
bleibt? Willst du, dass du am Ende zurückschaust und merkst:
Ich habe mich selbst nicht mal ausprobiert?

Denn hier ist die Wahrheit, die sich niemand gerne eingesteht:
Du hast keine zweite Chance.

Es gibt keine Proberunde.

Dein Leben ist keine verdammte Generalprobe – es läuft
schon. Jede verdammte Minute zählt.

Und wenn du weiter wartest, dann passiert nichts – außer,
dass du eines Tages realisierst, dass du nichts getan hast.

Also, WAS TUST DU JETZT?

Der Brief von deinem zukünftigen Ich

Stell dir vor, du bekommst einen Brief.

Absender: DU – aus der Zukunft. Du öffnest ihn, gespannt.

Und dann liest du: „Hey. Ich bin du. Aber 20 Jahre älter."

„Ich schreibe dir, weil ich will, dass du JETZT etwas änderst."

„Ich habe zu lange gewartet. Habe mich zu oft angepasst.
Habe meine Träume hinten angestellt."

„Und jetzt sitze ich hier, alt, müde – und weiß, dass ich nichts
mehr rückgängig machen kann."

Dann steht da nur noch ein einziger Satz:

„MACH ES BESSER ALS ICH."

Und plötzlich wird dir klar: Das ist keine Fiktion. Das ist keine Story. Das ist das, was du JETZT verhindern kannst.

Denn du entscheidest HEUTE, welche Geschichte du in 20 Jahren über dich selbst erzählen wirst.

Also, was wird in DEINEM Brief stehen?

Die Angst, die dich klein hält, ist ein verdammter Schwindel

Hier ist die eine Lüge, die dein Leben zerstören kann: „Ich kann nicht, weil ich Angst habe."

Bullshit.

Angst ist nur ein Gefühl – keine Grenze.

Angst ist ein Signal, dass du etwas tun solltest – nicht, dass du es lassen musst.

Angst bedeutet, dass du lebst – nicht, dass du stoppen solltest. Jeder, der jemals etwas Bedeutendes getan hat, hatte Angst. Jeder, der jemals ein Risiko eingegangen ist, hatte Zweifel. Jeder, der sein Leben wirklich gelebt hat, hat Momente gehabt, in denen er dachte: „Ich weiß nicht, ob ich das kann."

Aber weißt du, was der Unterschied ist?

Die, die etwas verändern, haben es TROTZDEM getan.

Und das ist der Moment, in dem du dich entscheiden musst: Lässt du dich von der Angst steuern – oder benutzt du sie als deinen Motor? Denn am Ende deines Lebens wird dir klar werden: Die Dinge, vor denen du am meisten Angst hattest, waren genau die Dinge, die dich am meisten wachsen lassen hätten. Also hör auf, Angst als Ausrede zu benutzen.

Fühl sie – und mach es trotzdem.

Das eine Leben, das du hast

Denk an dein Geburtsdatum.

Jetzt denk an das Datum, an dem dein Leben endet.

Dazwischen ist nur ein verdammter Strich.

Ein verdammter Bindestrich – und der entscheidet alles.

Alles, was du warst, alles, was du getan hast, alles, was du nicht getan hast – es passt in diesen Strich.

Also, was willst du in diesen Strich packen?

- Die Zeit, die du mit Angst vergeudet hast?
- Die Momente, in denen du dich angepasst hast, statt du selbst zu sein?
- Die Träume, die du nie verfolgt hast, weil du dachtest, du hättest mehr Zeit?

Oder…

Die Risiken, die du eingegangen bist – und die dich wachsen ließen.

Die Geschichten, die du erzählt hast, weil du sie wirklich erlebt hast.

Das Leben, das du gefühlt hast – mit allem, was dazugehört.

Denn am Ende gibt es nur eine Wahrheit:

Du kannst dein Leben nicht zurückspulen.

Du kannst nicht nochmal von vorne anfangen.

Du kannst nur JETZT entscheiden, ob du lebst – oder nur atmest.

Und jetzt kommt die letzte, verdammte Frage:

Bist du bereit, endlich das Leben zu führen, das du verdienst?

Oder wartest du weiter – bis es zu spät ist?

Denn wenn du weiter wartest, dann wird irgendwann jemand anderes über dein Leben schreiben – und du kannst nichts mehr daran ändern.

Also: Wirst du es tun?

Oder wirst du es bereuen?

Denn das Leben ist JETZT.

Und wenn du es nicht nutzt, dann hast du es verloren.

Kapitel 20 – Wenn du JETZT nicht handelst, hast du dein Leben verschenkt

Weißt du, was die meisten Menschen denken, kurz bevor sie sterben?

„Ich hätte mehr geliebt."

„Ich hätte mehr gewagt."

„Ich hätte weniger Angst gehabt."

Aber weißt du, was sie NICHT denken?

„Gut, dass ich mich so oft zurückgehalten habe."

„Gut, dass ich mich angepasst habe."

„Gut, dass ich meine Träume begraben habe."

Du weißt, was du zu tun hast. Du spürst es in jeder Zelle deines Körpers. Und wenn du es jetzt nicht tust, dann wirst du irgendwann zurückblicken – und dich verfluchen.

Also, was ist die Wahrheit?

Du hast nur dieses eine Leben. Du hast genau JETZT die Chance, es zu ändern. Und wenn du diesen Moment nicht nutzt, dann war's das.

Stell dir vor, es ist zu spät

Denk an die eine Sache, die du schon immer tun wolltest. Die Reise, die du nie gemacht hast. Die Arbeit, wofür dein Herz wirklich brannte. Die Worte, die du nie gesagt hast.

Jetzt stell dir vor, du bist alt. Zu alt.

Deine Hände sind schwach. Deine Kraft ist weg.

Es gibt keine zweite Chance mehr. Der Moment ist vorbei.

Und du kannst nichts mehr daran ändern.

Wie fühlt sich das an?

Scheiße, oder?

Weißt du, was das bedeutet?

DASS DU ES JETZT TUN MUSST!

Denn wenn du heute nicht den ersten Schritt machst, dann machst du ihn vielleicht niemals.

Deine Angst ist ein verdammter Betrüger

Angst ist ein Dieb. Sie klaut dir dein Leben. Sie hält dich klein. Sie redet dir ein, dass du „noch nicht so weit bist." Aber weißt du, was das größte Geheimnis ist?

Deine Angst lügt. Sie sagt dir, du kannst nicht – aber du kannst. Sie sagt dir, du bist nicht bereit – aber du bist es. Sie sagt dir, warte noch – aber wenn du wartest, verlierst du.

Denn hier ist die Wahrheit:

Alles, was du willst, liegt HINTER deiner Angst.

Alles, was dich wachsen lässt, fühlt sich am Anfang unangenehm an. Und die Dinge, die dich am meisten nervös machen, sind genau die Dinge, die du tun solltest. Also hör auf, dich von einer Illusion bremsen zu lassen – und BRICH VERDAMMT NOCHMAL AUS!

Die Entscheidung deines Lebens

Es gibt einen Moment in jedem Leben, der alles verändert. Ein Moment, in dem du aufwachst. Ein Moment, in dem du realisierst: Ich kann nicht mehr so weitermachen. Ein Moment, in dem du sagst: SCHEISS DRAUF – JETZT ODER NIE.

Vielleicht ist das hier genau dieser Moment für dich. Vielleicht liest du das hier, weil dein Leben dich genau hierher geführt hat. Vielleicht ist das hier der Punkt, an dem du dich entscheidest, dass du kein verdammter Statist mehr bist – sondern die Hauptfigur in deinem eigenen Film.

Also sag mir:

Bist du bereit, endlich aufzuwachen?

Bist du bereit, dein verdammtes Leben zu LEBEN? Denn es ist ein GESCHENK!

Denn du hast zwei Möglichkeiten:

Du liest das, nickst, findest es geil – und machst trotzdem weiter wie bisher.

Oder du liest das, springst auf, packst dein Leben an den Eiern und sagst: ES REICHT. JETZT FÄNGT MEIN LEBEN AN.

Was wählst du?

Das hier ist dein verdammter Startschuss!
DAS. IST. ES. JETZT.

Keine weiteren Ausreden. Kein weiteres Warten. Kein „irgendwann."

DIE ZEIT IST JETZT.

Hör auf, dich selbst zu belügen. Hör auf, das Leben nur zu überleben. Hör auf, dich in Zweifeln zu verlieren, während die Uhr tickt. Du hast die Wahl. Du hast die Power. Und wenn du diesen verdammten Moment nicht nutzt, dann wirst du es irgendwann bereuen.

Denn hier ist die letzte Wahrheit, die du mitnehmen musst: Niemand wird dich retten. Niemand wird dir sagen, wann der richtige Moment ist. Niemand wird dein Leben für dich leben.

Aber DU kannst es tun. DU kannst es drehen. DU kannst jetzt entscheiden, dass ab heute alles anders wird.

Also… WAS. ZUM. TEUFEL. HINDERT. DICH?

Raus aus dem Kopf.

Rein ins verdammte Leben.

JETZT!

DIE UHR LÄUFT. WIRD ES DEIN LEBEN – ODER NUR DEIN VERPASSTER TRAUM?

die Zeit läuft, also nutze sie!

DAS LETZTE WORT – ES GIBT KEINEN VERDAMMTEN RESET-KNOPF!

Lies diesen Satz nochmal.

- Es gibt keinen Reset-Knopf.
- Keinen zweiten Versuch.
- Kein „noch mal von vorne" – DAS HIER IST ES!

Jede Sekunde, die du zögerst, gehört nicht mehr dir.

Jeder Tag, den du nicht nutzt, ist verloren.

Jede Entscheidung, die du vertagst, ist eine Entscheidung gegen dich selbst.

Also sag mir:

Willst du am Ende deines Lebens zurückblicken und denken „Super, ich hab's getan" – oder „Verdammt, ich hab's verpasst"?

Denn das ist die Wahrheit:

Das Leben fragt nicht, ob du bereit bist – es läuft einfach weiter.

Die Zeit wartet nicht – du bist es, der entscheiden muss.

Es gibt keinen verdammten Reset-Knopf – also MACH WAS DRAUS!

JETZT! VERDAMMT! NOCHMAL! LOS!